1　2年のふく習 ①

タイムアタック目標5分

❶ ……が羽を大きく広げる。

❷ ……万まで数える。

❸ ぼく場の牛が鳴く。

❹ 草を食べている馬。

❺ 米や肉を買う。

❻ 野原を走りまわる。

書こう

❶ □《いろ》□《がみ》でつるをおる。

❷ サケといくらは□《おや》子です。

❸ □《いけ》の□《さかな》にえさをやる。

❹ キリンの□《くび》は□《なが》い。

❺ □《くろ》い犬をかう。

❻ □《すこ》し□《げん》気が出た。

□問《もん》正かい！まんてんになるまでおさらいしよう！

答えは119ページ

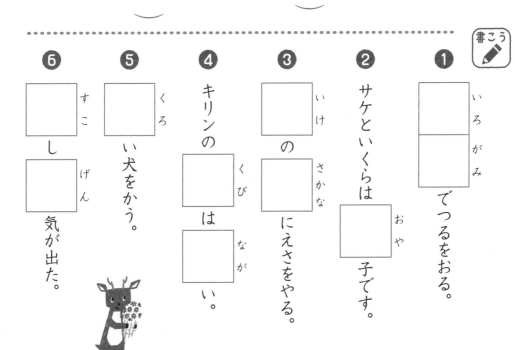

月　日

1 2年のふく習①

タイムアタック目標5分
分　秒

★ 筆算《ひっさん》でしましょう。

❶ 32＋54　❷ 13＋84　❸ 48＋50

❹ 64＋2　❺ 3＋75　❻ 80＋9

❼ 316＋21　❽ 405＋72　❾ 570＋28

❿ 14＋583　⓫ 60＋901　⓬ 3＋610

□問《もん》正かい！ まん点になるまでおさらいしよう！

答えは119ページ

2　2年のふく習②

タイムアタック 目標5分
分　秒

読もう

❶ 冬に家族《ぞく》で岩山をのぼる。

❷ 遠くの海をながめる。

❸ 太ようが西にしずむ。

❹ 星がきらきら光る。

❺ 雪がとても多くふる地方。

❻ 父は工作がとくいです。

書こう

❶ □《たに》ぞこにさく□《はる》の花。

❷ すがすがしい□□《あきば》れ。

❸ 日が□《あ》たってまぶしい。

❹ 白い□《くも》がうかぶ。

❺ つめたい□□《きたかぜ》がふく。

❻ □□《とうきょう》にすんでいる。

□問《もん》正かい！ まん点になるまでおさらいしよう！

答えは119ページ

2 2年のふく習②

タイムアタック目標5分
分　秒

★ 筆算《ひっさん》でしましょう。

❶ 67－42　❷ 98－74　❸ 85－30

❹ 73－53　❺ 96－94　❻ 57－4

❼ 469－28　❽ 129－16　❾ 678－67

❿ 369－60　⓫ 927－3　⓬ 873－73

□問《もん》正かい！ まん点になるまでおさらいしよう！

答えは
119ページ

月　日

3　2年のふく習③

タイムアタック目標5分
分　秒

読もう

❶ 社会見学に学校から行く。

❷ えい語のべん強をする。

❸ 直角にまげる。

❹ 図書館《かん》で本をかりる。

❺ 毎日ノートに日記をつける。

❻ 地きゅうは丸い。

書こう

❶ □□《きょうしつ》に入る。

❷ □□《けいさん》がとくいだ。

❸ □□《りか》のじゅぎょうがすきだ。

❹ テストで一□《ばん》をとる。

❺ しあいは□□《どうてん》におわった。

❻ きそく正しい生□《かつ》をする。

□問《もん》正かい！まんでんになるまでおさらいしよう！

答えは119ページ

月　日

3 2年のふく習 ③

タイムアタック 目標5分
分　秒

★ 筆算《ひっさん》でしましょう。

❶ 23＋18　❷ 65＋29　❸ 18＋42

❹ 34＋7　❺ 9＋86　❻ 57＋56

❼ 33＋69　❽ 14＋86　❾ 6＋98

❿ 278＋15　⓫ 9＋872　⓬ 105＋35

□問《もん》正かい！まん点になるまでおさらいしよう！

答えは119ページ

月　日

4 2年のふく習④

タイムアタック目標5分

分　秒

読もう

❶ 体を大切にする。

❷ 顔を一日に何回もあらう。

❸ 今の時間をたずねる。

❹ もうすぐ夜が明ける。

❺ 歌声が遠くから聞こえる。

❻ 店頭でドーナツを売る。

書こう

❶ □□《こうえん》であそぼう。

❷ かみの□《け》をゴムでむすぶ。

❸ □□《ゆみや》を使《つか》う。

❹ □□《がか》の一生。

❺ むずかしい本を□《よ》む。

❻ ケーキを□□《はんぶん》ずつにする。

□問《もん》正かい！　まん点になるまでおさらいしよう！

答えは119ページ

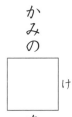

月　日

4 2年のふく習④

タイムアタック目標5分

分　秒

★ 筆算《ひっさん》でしましょう。

❶ 32－15　❷ 74－36　❸ 86－59

❹ 97－28　❺ 70－7　❻ 46－37

❼ 127－98　❽ 140－56　❾ 107－59

❿ 101－9　⓫ 952－27　⓬ 312－3

□問《もん》正かい！まんてんになるまでおさらいしよう！

答えは120ページ

月　日

5 2年のふく習⑤

タイムアタック目標5分
分　秒

読もう

① 電車が目の前を通る。

② 母のきょう里へ帰る。

③ 古いお寺のおぼうさん。

④ 外国へいつか行きたい。

⑤ 鳥が空高くまい上がる。

⑥ 日曜日の午後。

書こう

① ぼくは三人□□《きょうだい》です。

② おうだん□□《ほどう》をわたる。

③ □《き》車にのってみたい。

④ □《しん》かん□《せん》にのる。

⑤ みなとに□《ふね》がつく。

⑥ むかしからの□《し》り□《あ》いです。

□問《もん》正かい！ まん点になるまでおさらいしよう！

答えは120ページ

月　日

5 2年のふく習⑤

タイムアタック目標5分
分　秒

★ 次《つぎ》の計算をしましょう。

❶ 2×8=

❷ 5×9=

❸ 3×7=

❹ 4×6=

❺ 6×8=

❻ 9×7=

❼ 8×3=

❽ 7×4=

❾ 4×8=

❿ 8×7=

⓫ 1×6=

⓬ 6×9=

⓭ 7×7=

⓮ 9×9=

□問《もん》正かい！ まん点になるまでおさらいしよう！

答えは120ページ

月　日

6 2年のふく習 ⑥

タイムアタック 目標5分
分　秒

読もう

❶ 近くに住《す》む友だち。

❷ 家の前でまつ。

❸ 姉は今年で十才です。

❹ 妹はふだんから気が弱い。

❺ 思ったことを言う。

❻ 自分の頭で考える。

書こう

❶ □《あさ》早くに□《よう》事《じ》をすませる。

❷ 小□《むぎ》畑《ばたけ》の□《え》をかく。

❸ □《こう》たいで花に水をやる。

❹ □□《らいしゅう》は寒《さむ》いらしい。

❺ □□《いちば》へ出かける。

❻ あついお□《ちゃ》を飲《の》む。

□問《もん》正かい！ まん点になるまでおさらいしよう！

答えは120ページ

6 2年のふく習⑥

タイムアタック 目標5分
分　秒

★ □にあてはまる数を書きましょう。

❶ 1cm＝□mm

❷ 200cm＝□m

❸ 3cm8mm＝□mm

❹ 1m7cm＝□cm

❺ 2cm9mm＋6mm＝□cm□mm

❻ 8cm3mm－7mm＝□cm□mm

❼ 1L＝□mL

❽ 1dL＝□mL

❾ 2L4dL＋8dL＝□L□dL

❿ 4L－5dL＝□L□dL

□問《もん》正かい！ まん点になるまでおさらいしよう！

答えは
120ページ

月　日

7 商品薬局全

タイムアタック目標5分　分　秒

読もう

❶ 薬を飲《の》む。

❷ 商品はいつでも品切れだ。

❸ 薬品の入ったたな。

❹ けっ局来なかった。

❺ 全く分からない。

❻ 全員《いん》が集《あつ》まる。

書こう

❶ ゆうびん□《きょく》のポスト。

❷ □《まった》く気にしない。

❸ □《しょう》店がいで食□《ひん》を買う。

❹ ほうふな□《しな》ぞろえ。

❺ □□《やっきょく》で□《くすり》を買う。

❻ 何事《ごと》にも□《ぜん》力で取《と》り組もう。

答えは120ページ

月　日

7 かけ算のきまり ①

タイムアタック目標 5分

分　秒

★ □にあてはまる数を書きましょう。

れいだい

❶ $4\times6=4\times5+$ [4] = [24]

1ふえる

かけられる数だけ大きくなる

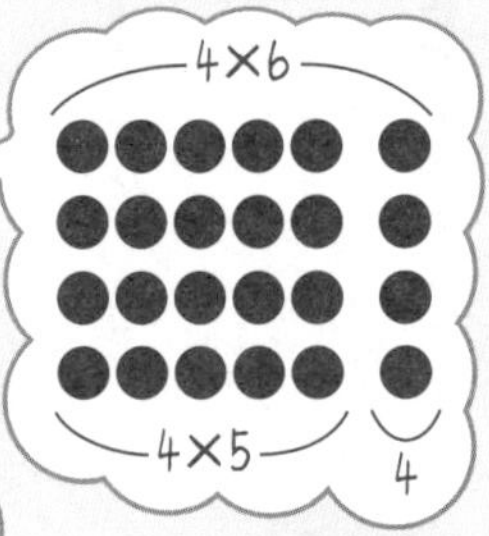

❷ $4\times5=5\times$ [4]

入れかえる

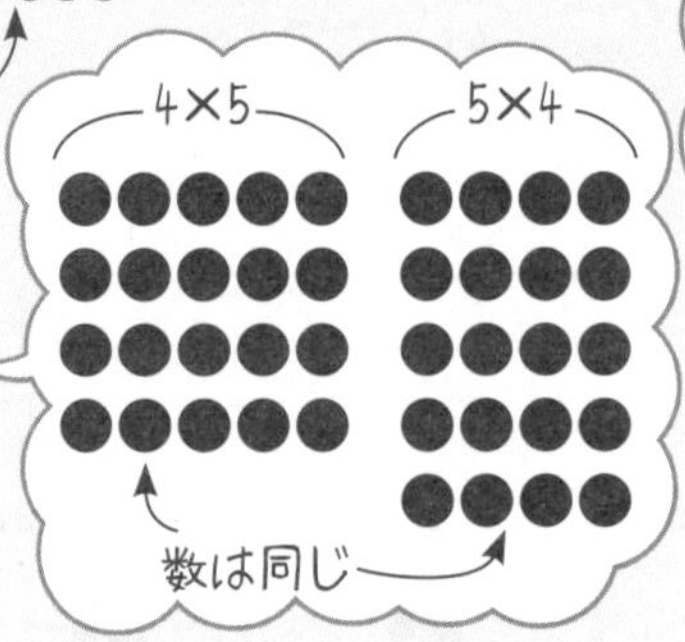

❸ $6\times7=6\times6+$ □ = □

❹ $5\times9=5\times8+$ □ = □

❺ $7\times4=7\times5-$ □ = □

❻ $8\times7=8\times8-$ □ = □

❼ $9\times3=$ □ $\times9$　　❽ $7\times8=8\times$ □

□問《もん》 正かい！ まん点になるまでおさらいしよう！

答えは120ページ

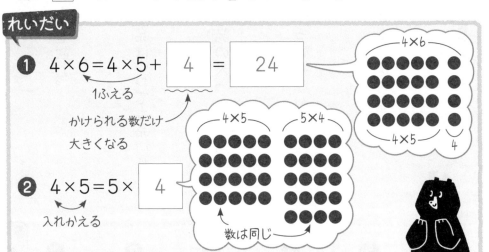

月　日

8 動物実育部

タイムアタック 目標5分
分　秒

読もう

1. 動物がすばやく動き回る。
2. し育係《がかり》の仕事《しごと》。
3. 生き物を家の中で育てる。
4. 実の部分を調《しら》べる。
5. ロバが荷《に》物を運《はこ》ぶ。
6. か実が実る。

書こう

1. □《どう》植《しょく》□《ぶつ》の図かん。
2. ひなが□《うご》き始《はじ》めた。
3. トマトが□《そだ》って□《み》をつけた。
4. ほ□《いく》園に通う。
5. 乗《の》り□《もの》の□《ぶ》品《ひん》を調べる。
6. 事《じ》□《じつ》を教えられる。

□問《もん》正かい！　まん点になるまでおさらいしよう！

答えは120ページ

8 かけ算のきまり②

タイムアタック目標5分　分　秒

★ □にあてはまる数を書きましょう。

れいだい

❶
7×4
- 5 ×4＝㋐ 20
- ㋑ 2 ×4＝㋒ 8
- あわせて ㋓ □

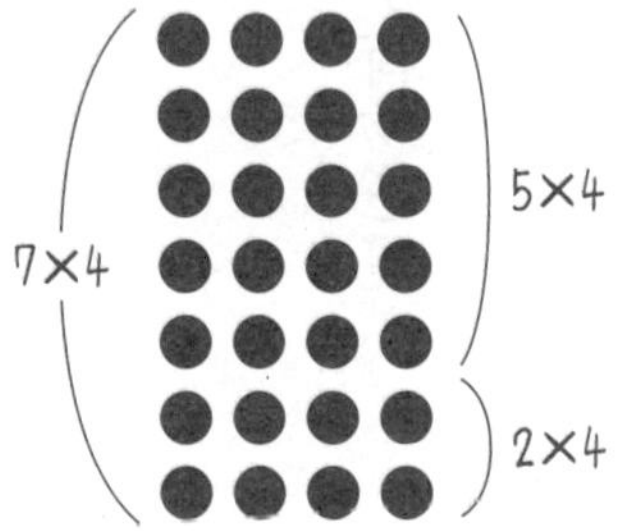

❷
8×6
- 5 ×6＝㋐ □
- ㋑ □ ×6＝㋒ □
- あわせて ㋓ □

❸
9×8
- ㋐ □ ×8＝㋑ □
- 4 ×8＝㋒ □
- あわせて ㋓ □

❹
7×9
- 7× 5 ＝㋐ □
- 7×㋑ □ ＝㋒ □
- あわせて ㋓ □

❺
6×7
- 6× 3 ＝㋐ □
- 6×㋑ □ ＝㋒ □
- あわせて ㋓ □

□問《もん》正かい！まん点になるまでおさらいしよう！

答えは120ページ

9 湖 島 写 真 由

タイムアタック 目標5分
分　秒

読もう

❶ 湖のある小さな島。

❷ 湖水を調《しら》べる。

❸ 真水をくむ。

❹ 島みんの自由なくらし。

❺ うらの文字が写る。

❻ 真けんに海を写生する。

書こう

❶ しずかな□《こ》はんをさん歩する。

❷ 日本は□《しま》国だ。

❸ きねん□□《しゃしん》を□《うつ》す。

❹ む人□《とう》をたんけんする。

❺ 理□《ゆう》を教えてほしい。

❻ 頭の中が□《ま》っ白になる。

□問《もん》正かい！ まんてんになるまでおさらいしよう！

答えは120ページ

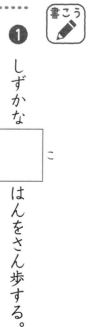

月　日

9 0や10のかけ算

タイムアタック 目標 5分
分　秒

★ 次《つぎ》の計算をしましょう。

れいだい

❶ 5×0= 0

どんな数に 0 をかけても答えは 0
0 にどんな数をかけても答えは 0

❷ 3×10= 30

3 × 10 = 3 × 9 + 3 = □
3 × 10 は、3 × 9 より 3 大きくなる。

❸ 10×3= 30

かけられる数とかける数を
入れかえると、10 × 3 = 3 × 10

❹ 8×0=

❺ 0×4=

❻ 0×7=

❼ 0×0=

❽ 2×10=

❾ 5×10=

❿ 9×10=

⓫ 1×10=

⓬ 10×4=

⓭ 10×7=

⓮ 10×9=

⓯ 10×10=

□問《もん》正かい！ まん点になるまでおさらいしよう！

答えは120ページ

月　日

10 球投打君秒

タイムアタック 目標5分

分　秒

読もう

❶ 君もぼくと野球をしよう。

❷ 球を拾《ひろ》って投げ返《かえ》す。

❸ りく君がいつも投球する。

❹ 代《だい》打でよばれる。

❺ ホームランを打つ。

❻ 秒しんのあるうで時計。

書こう

❶ □《とう》手と□《だ》者《しゃ》。

❷ 速《はや》い□《たま》を□《な》げられる。

❸ 先生の一言に心を□《う》たれる。

❹ □《きみ》は□《きゅう》ぎが上手だね。

❺ 山本□《くん》ときょう走する。

❻ 五十メートルを十□《びょう》で走る。

□問《もん》 正かい！ まん点になるまでおさらいしよう！

答えは120ページ

10 1けたの数でわるわり算①

タイムアタック 目標 5分

分　秒

★ 次《つぎ》の計算をしましょう。

れいだい

❶ 12÷4= 3

❷ 4÷2=

1けたの数でわるわり算の答えは、
わる数の九九で見つけられる。
① 4 × 3 = 12
② 2 × 2 = 4

❸ 6÷2=

❹ 20÷5=

❺ 21÷3=

❻ 36÷4=

❼ 48÷8=

❽ 30÷6=

❾ 28÷4=

❿ 81÷9=

⓫ 56÷7=

⓬ 14÷2=

⓭ 72÷8=

⓮ 49÷7=

□問《もん》正かい！ まんになるまでおさらいしよう！

答えは121ページ

11 練　習　号　列　次

タイムアタック目標5分
分　秒

読もう

❶ 次の計画を練る。

❷ きっぷの買い方を習う。

❸ くん練開始《かいし》の号れい。

❹ 次回までにふく習する。

❺ 店の前に行列ができる。

❻ 問題《もんだい》が相《あい》次いで起《お》こる。

書こう

❶ 明日は□《なら》い事《ごと》のある日だ。

❷ 雪で□《れっ》車の運《うん》休が相□《つ》ぐ。

❸ □《つぎ》の駅《えき》でおりよう。

❹ 何度《ど》も□□《れんしゅう》した。

❺ 新聞の□《ごう》外が出る。

❻ 目□《じ》から調《しら》べる。

□問《もん》正かい！　まんてんになるまでおさらいしよう！

答えは
121ページ

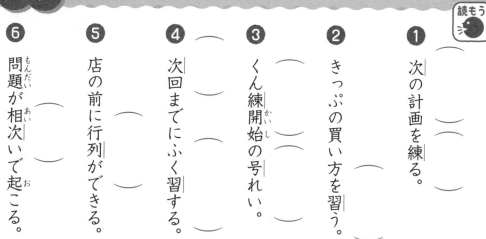

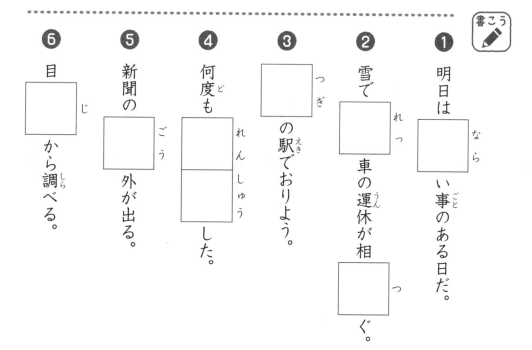

月　日

11 1けたの数でわる わり算②

タイムアタック目標5分

分　秒

★ まん中の数を、まわりの数でわりましょう。

12÷6の答えを書きます。

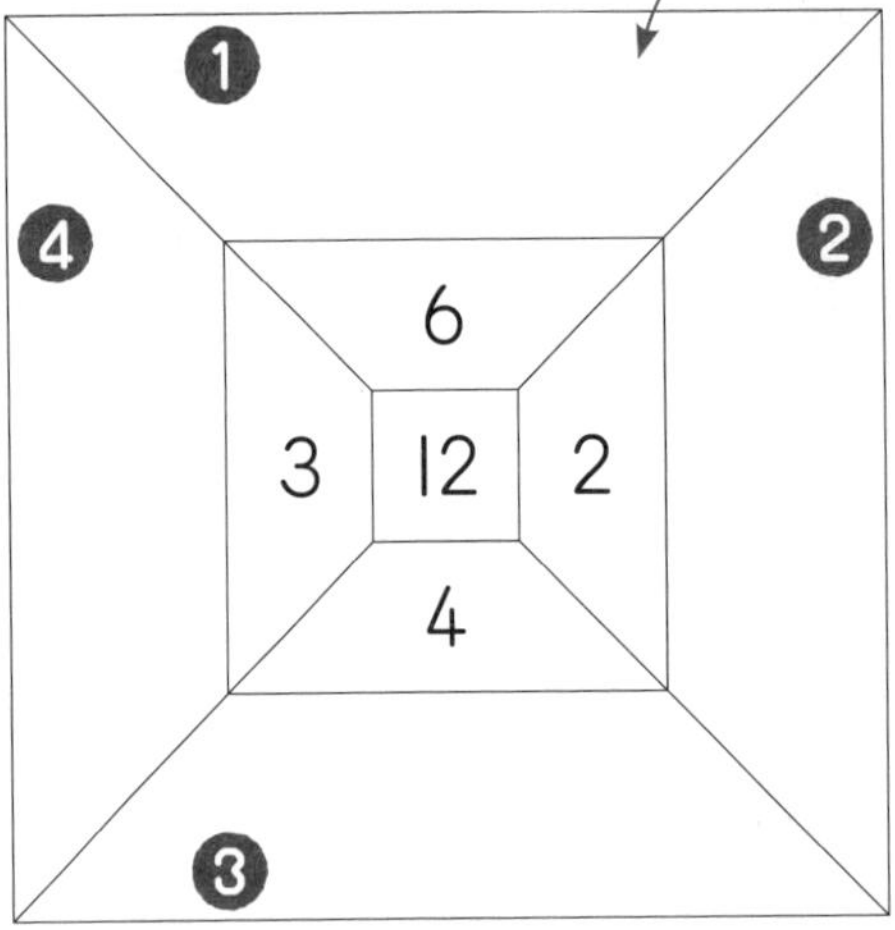

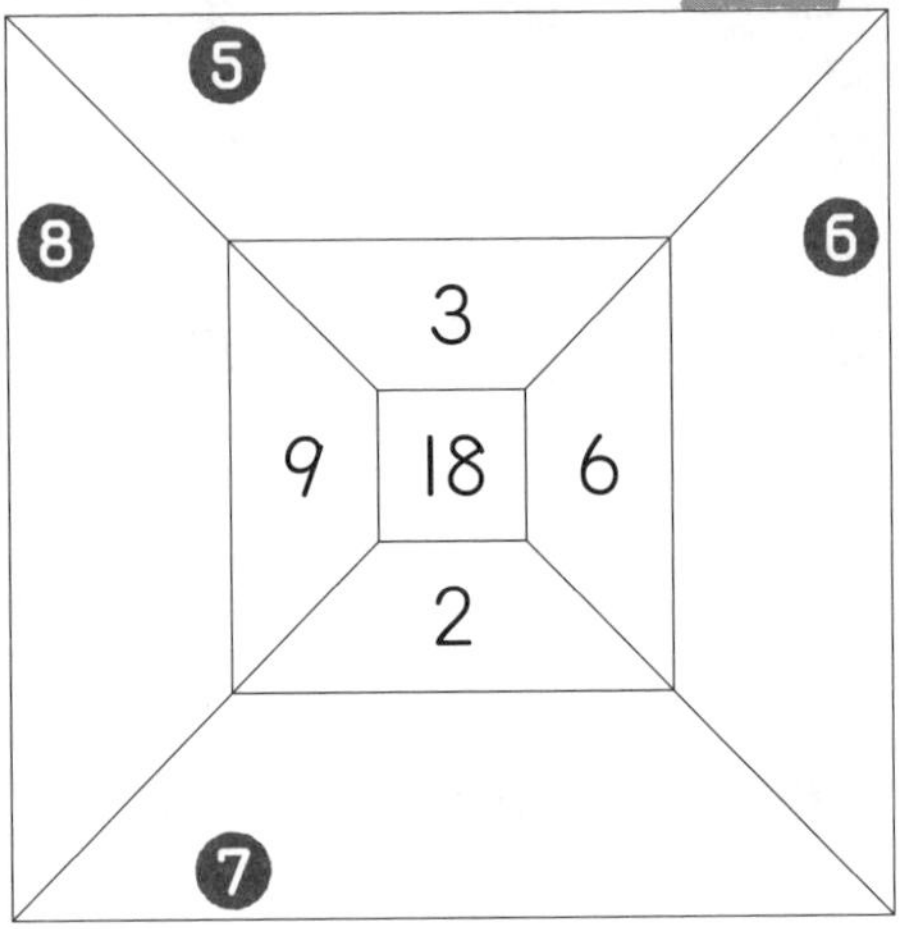

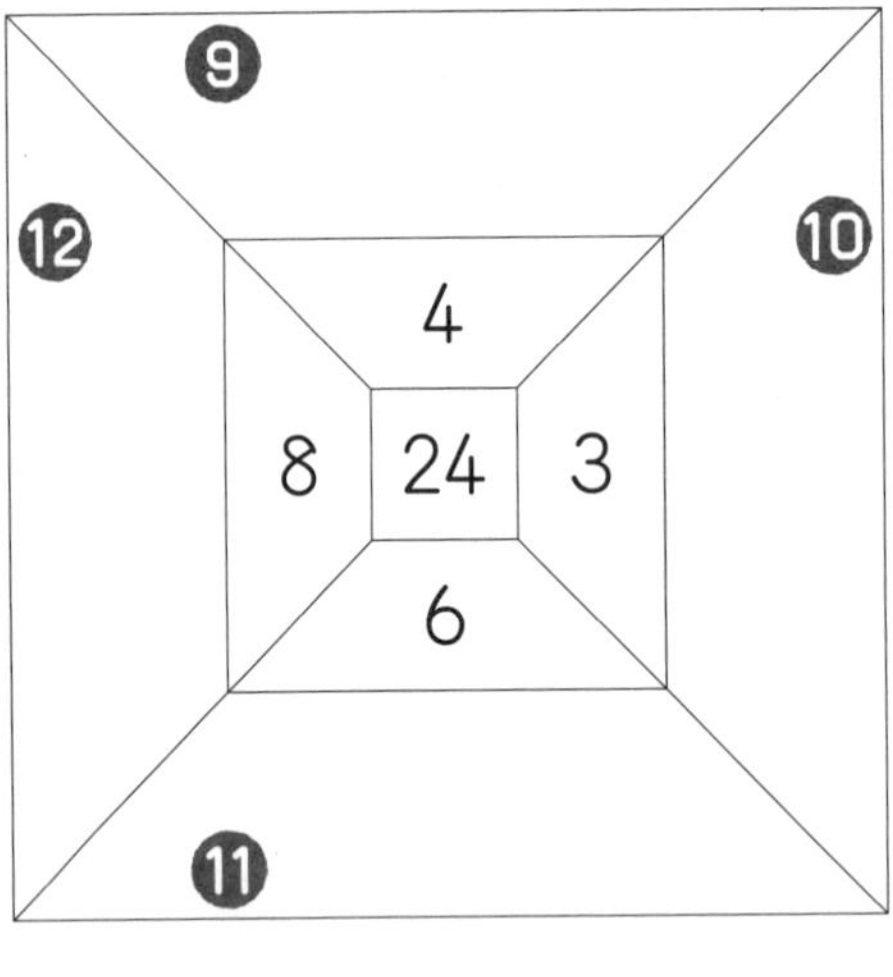

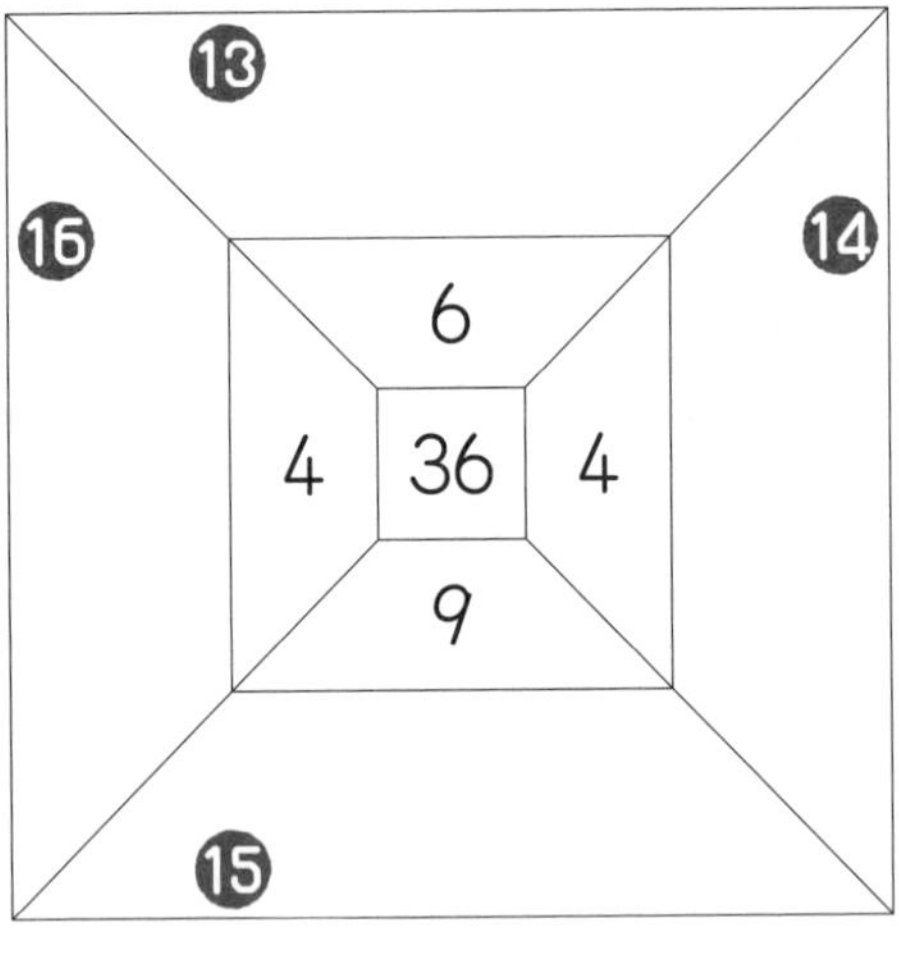

問《もん》 正かい！ まん点になるまでおさらいしよう！

答えは121ページ

12 漢字のまとめ①

タイムアタック目標5分
分　秒

読もう

❶ 青くてきれいな地球。

❷ 号れいで動き出す。

❸ 島の上空から写真をとる。

❹ 名前の由来を調《しら》べる。

❺ 問題《もんだい》を投げかける。

❻ 品物を手に入れる。

書こう

❶ 日本□□《れっとう》。

❷ あと五□《びょう》でお昼休みだ。

❸ □《みずうみ》に行く計画を□《ね》る。

❹ ど力が□《みの》る。

❺ し□《いく》委員《いいん》になる。

❻ □《つぎ》は□《きみ》の番だよ。

□問《もん》正かい！　まん点になるまでおさらいしよう！

答えは121ページ

月　日

12 0や1のわり算

タイムアタック目標5分
分　秒

★ 次《つぎ》の計算をしましょう。

れいだい

❶ 0÷5= 0

❷ 0÷8=

❸ 0÷1=

❹ 3÷1=

❺ 5÷1=

❻ 9÷1=

❼ 7÷1=

❽ 2÷2=

❾ 4÷4=

❿ 7÷7=

⓫ 9÷9=

⓬ 6÷6=

⓭ 1÷1=

□問《もん》正かい！まん点になるまでおさらいしよう！

答えは121ページ

13 研究所調皿

タイムアタック目標5分　分　秒

読もう

❶ 研究所ではたらく。

❷ ざいりょうが調う。

❸ りょう理を皿にもる。

❹ 調味《み》りょうをつかう。

❺ 行きたい所がある。

❻ 区《く》役《やく》所できちんと調べる。

書こう

❶ □《けん》しゅうを受《う》ける。

❷ みんなの意《い》見を□《ちょう》さする。

❸ 今いる場□《しょ》を□《しら》べる。

❹ 夏休みの自由《ゆう》□□《けんきゅう》。

❺ きれいな絵□《ざら》をかざる。

❻ 台□《どころ》で□《ちょう》理する。

□問《もん》正かい！　まん点になるまでおさらいしよう！

答えは121ページ

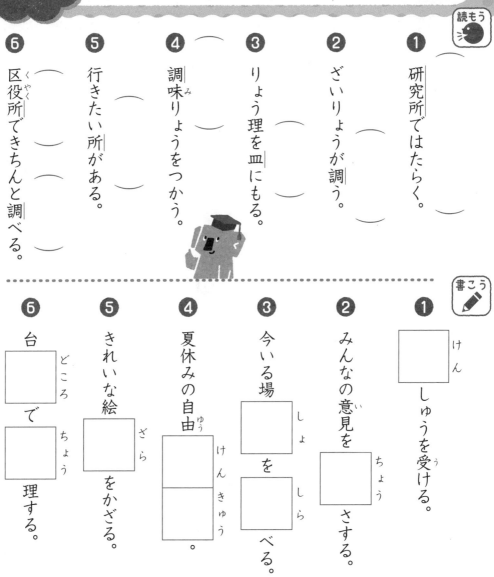

月　日

13 答えが 2けたになるわり算

タイムアタック目標5分
分　秒

★ 次《つぎ》の計算をしましょう。

れいだい

❶ 39÷3= 13　　❷ 28÷2= □

❸ 20÷2=　　❹ 60÷3=

❺ 50÷5=　　❻ 80÷4=

❼ 46÷2=　　❽ 84÷4=

❾ 96÷3=　　❿ 55÷5=

⓫ 48÷2=　　⓬ 77÷7=

⓭ 99÷3=　　⓮ 88÷4=

□問《もん》正かい！まんてんになるまでおさらいしよう！

答えは 121ページ

14 発表問題丁

タイムアタック 目標5分
分　秒

読もう

❶ 新商品《しょうひん》を発売する。

❷ 表面《めん》にはっきり表れる。

❸ むずかしい問題をとく。

❹ コインの表とうら。

❺ 豆《とう》ふを一丁買う。

❻ 問いに答える。

書こう

❶ ピアノの□□《はっぴょう》会を見に行く。

❷ なん□《もん》にちょうせんする。

❸ □《ひょう》紙に□《だい》名を書く。

❹ 思いを言葉《ば》に□《あらわ》す。

❺ 学校に□《と》い合わせる。

❻ 三□《ちょう》目に住《す》む友だち。

□問《もん》正かい！ まん点になるまでおさらいしよう！

答えは121ページ

月　日

14 何百のたし算

タイムアタック目標5分

分　秒

★ 次《つぎ》の計算をしましょう。

れいだい

❶ 900＋300＝ 1200

❷ 700＋700＝

❸ 500＋600＝

❹ 800＋400＝

❺ 900＋500＝

❻ 500＋700＝

❼ 400＋700＝

❽ 800＋800＝

❾ 900＋900＝

❿ 300＋800＝

⓫ 700＋800＝

⓬ 200＋900＝

⓭ 500＋900＝

⓮ 600＋600＝

問《もん》正かい！ まん点になるまでおさらいしよう！

答えは
121ページ

15 開式礼登銀

タイムアタック 目標5分
分　秒

読もう

❶ し合開始《し》前に礼をする。

❷ 表しょう式に登場する。

❸ 銀メダルをもらう。

❹ 店を開ける。

❺ とびらが開く。

❻ 登山家が山を登る。

書こう

❶ □《かい》会□《しき》が行われる。

❷ 今日も元気に□《とう》校する。

❸ 朝□《れい》台に□《のぼ》る。

❹ 教室の戸を□《あ》ける。

❺ 教科書を□《ひら》く。

❻ 一面《めん》の□《ぎん》世《せ》界《かい》。

□問《もん》正かい！ まん点になるまでおさらいしよう！

答えは121ページ

月　　日

15 何百のひき算

タイムアタック 目標 5 分

分　　秒

★ 次《つぎ》の計算をしましょう。

れいだい

❶ 1200－400＝ 800

❷ 1500－900＝ □

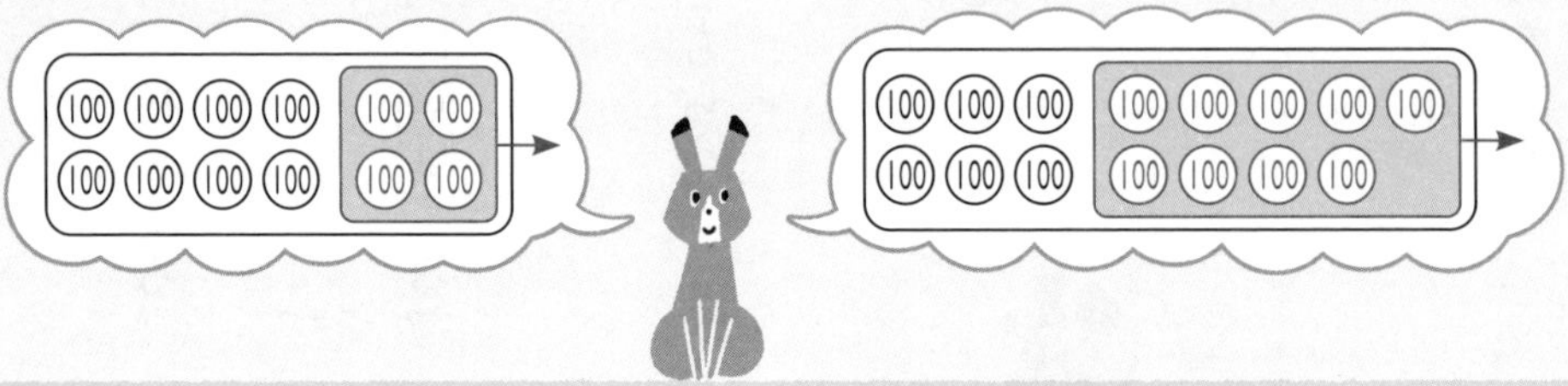

❸ 1100－300＝

❹ 1400－500＝

❺ 1300－600＝

❻ 1200－300＝

❼ 1500－700＝

❽ 1800－900＝

❾ 1400－600＝

❿ 1700－800＝

⓫ 1400－400＝

⓬ 1600－800＝

⓭ 1900－900＝

⓮ 1100－500＝

□ 問《もん》 正かい！ まん点になるまでおさらいしよう！

答えは 121ページ

月　日

16 洋服着様短

タイムアタック 目標5分
分　秒

読もう

❶ 水玉も様のはでな洋服。

❷ お正月に和《わ》服を着る。

❸ 短時間でとう着する。

❹ 王様のかんむり。

❺ このズボンは少し短い。

❻ 犬に首わを着ける。

書こう

❶ 和《わ》食と□《よう》食。

❷ 首かざりを身《み》に□《つ》ける。

❸ 妹に□□《ようふく》を□《き》せる。

❹ □《みじか》い間に□《さま》がわりをした。

❺ プレゼントを気に入った□《よう》子《す》だ。

❻ □《たん》気なせいかくを直したい。

□問《もん》正かい！ まん点になるまでおさらいしよう！

答えは121ページ

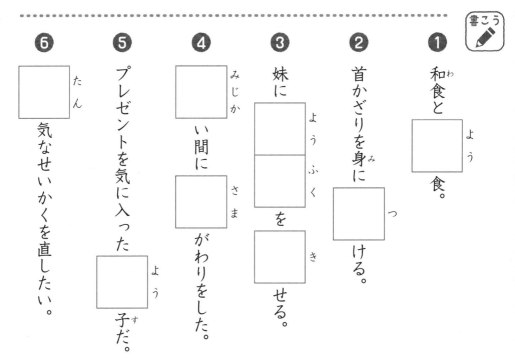

月　日

16 たし算の筆算 ①

タイムアタック 目標 5分

分　秒

★ 次《つぎ》の計算をしましょう。

れいだい

❶
  273
+346
―――
  619

一の位《くらい》の計算 …3+6=9

十の位の計算 …7+4=11

くり上げる

百の位の計算 …1+2+3=6

❷
  154
+342

❸
  523
+456

❹
  408
+527

❺
  316
+258

❻
  529
+264

❼
  463
+317

❽
  208
+104

❾
  605
+305

❿
  184
+253

⓫
   67
+740

⓬
  415
+952

⓭
  532
+546

□ 問《もん》正かい！ まんてんになるまでおさらいしよう！

答えは
121ページ

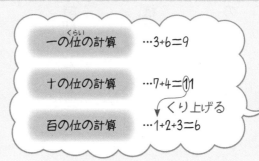

月　　日

17 漢 意 味 筆 持

タイムアタック 目標5分

分　　秒

読もう

❶ 漢字の元の意味を考える。

❷ 筆を手に持って書く。

❸ 筆談《だん》をする。

❹ 持きゅう力をためす。

❺ じっくり味わう。

❻ 風味がよい。

書こう

❶ 心強い□《み》方。

❷ □《かん》和《わ》じてんで調《しら》べる。

❸ 自分の□《も》ち□《あじ》を出す。

❹ □《かん》字の□《ひつ》じゅんをおぼえる。

❺ 力強さを□《い》しきした□《ふで》づかい。

❻ 絵の具《ぐ》を□《じ》さんする。

□問《もん》正かい！ まん点になるまでおさらいしよう！

答えは121ページ

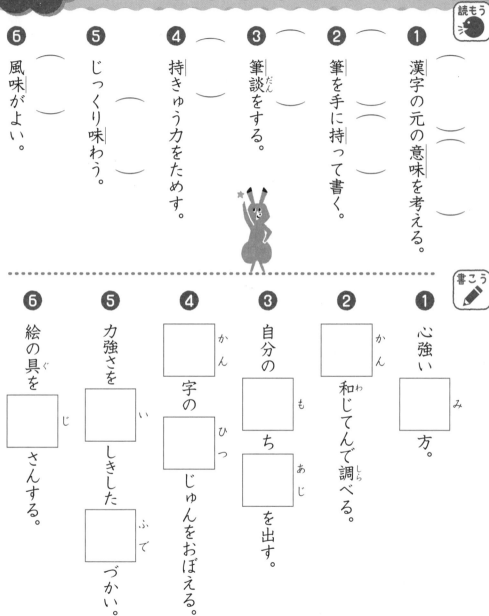

17 たし算の筆算 ②

タイムアタック目標5分
分　秒

★ 次《つぎ》の計算をしましょう。

❶	❷	❸	❹
156 +268	369 +284	294 +528	653 +259

❺	❻	❼	❽
262 +439	107 +396	216 + 84	698 + 2

❾	❿	⓫	⓬
873 +682	654 +493	906 +345	817 +233

⓭	⓮	⓯	⓰
726 +595	899 +308	991 + 9	477 +526

□ 問《もん》正かい！ まん点になるまでおさらいしよう！

答えは121ページ

18 漢字のまとめ ②

タイムアタック 目標5分
分　秒

読もう

❶ 一面《めん》銀世界《せかい》だった。（　　）

❷ さくらの花がまん開だ。（　　）

❸ 洋画がすきだ。（　　）

❹ 問屋《や》へ行く。（　　）

❺ 所《しょ》持品《ひん》をかくにんする。（　　）

❻ 話題をかえる。（　　）

書こう

❶ □《さま》々《ざま》な□□《いみ》を□《も》つ。

❷ 時間がないので手□《みじか》に話す。

❸ □□《ちょうみ》りょうを入れる。

❹ よろこびが顔に□《あらわ》れている。

❺ 火のない□《ところ》にけむりは立たぬ。

❻ □《れい》ぎ正しくふるまう。

□問《もん》正かい！ まん点になるまでおさらいしよう！

答えは122ページ

月　日

18 たし算の筆算 ③

タイムアタック 目標5分

分　秒

★ 次《つぎ》の計算をしましょう。

❶ 1253 + 2541

❷ 2462 + 6129

❸ 3294 + 4636

❹ 5356 + 1548

❺ 1352 + 7654

❻ 5789 + 2321

❼ 3437 + 3563

❽ 2916 + 3084

❾ 7031 + 1969

❿ 6374 + 647

⓫ 795 + 8209

⓬ 4938 + 62

□ 問《もん》正かい！　まんてんになるまでおさらいしよう！

答えは
122ページ

19 詩　集　章　曲　両

タイムアタック 目標5分

分　秒

読もう

❶ 有《ゆう》名な詩を暗《あん》記する。

❷ 教室のゴミを集める。

❸ 校章を着《つ》ける。

❹ 両ひざをしっかり曲げる。

❺ 朝早く集合する。

❻ 作曲家のでん記。

書こう

❶ □《しゅう》中して□《きょく》を作る。

❷ 文□《しょう》を書く人をぼ□《しゅう》する。

❸ □《ま》がり角にさしかかる。

❹ □《し》人の作品《ひん》に□《きょく》をつける。

❺ ひつような人数が□《あつ》まる。

❻ 勉《べん》強もスポーツも□《りょう》方すきだ。

□問《もん》正かい！　まん点になるまでおさらいしよう！

答えは122ページ

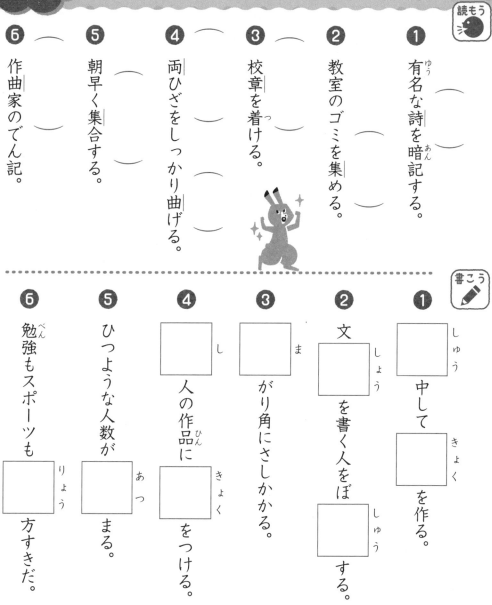

19 ひき算の筆算 ①

タイムアタック目標5分
分　秒

★ 次《つぎ》の計算をしましょう。

れいだい

❶
$$\begin{array}{r} 416 \\ -\,185 \\ \hline 231 \end{array}$$

一の位《くらい》の計算 …6−5=1

十の位の計算 …11−8=3　百の位から くり下げる

百の位の計算 …~~4~~3−1=2

❷
$$\begin{array}{r} 359 \\ -\,134 \\ \hline \end{array}$$

❸
$$\begin{array}{r} 694 \\ -\,523 \\ \hline \end{array}$$

❹
$$\begin{array}{r} 782 \\ -\,362 \\ \hline \end{array}$$

❺
$$\begin{array}{r} 990 \\ -\,890 \\ \hline \end{array}$$

❻
$$\begin{array}{r} 287 \\ -\,159 \\ \hline \end{array}$$

❼
$$\begin{array}{r} 425 \\ -\,206 \\ \hline \end{array}$$

❽
$$\begin{array}{r} 580 \\ -\,362 \\ \hline \end{array}$$

❾
$$\begin{array}{r} 211 \\ -\,109 \\ \hline \end{array}$$

❿
$$\begin{array}{r} 478 \\ -\,294 \\ \hline \end{array}$$

⓫
$$\begin{array}{r} 609 \\ -\,468 \\ \hline \end{array}$$

⓬
$$\begin{array}{r} 853 \\ -\,81 \\ \hline \end{array}$$

⓭
$$\begin{array}{r} 302 \\ -\,290 \\ \hline \end{array}$$

□問《もん》正かい！まん点になるまでおさらいしよう！

答えは122ページ

20 対岸流波湯

タイムアタック目標5分　分　秒

読もう

❶ 反《はん》対意《い》見を聞く。（　）

❷ 岸にうまく流れ着《つ》く。（　）（　）

❸ 流水でひやす。（　）

❹ 海岸に大きな波がよせる。（　）（　）

❺ お湯をわかす。（　）

❻ ねっ湯を入れる。（　）

書こう

❶ せん□《とう》でお□《ゆ》につかる。

❷ ささぶねを□《なが》す。

❸ □《りゅう》氷《ひょう》を見に行く。

❹ □《なみ》間に見える小船。

❺ □□《たいがん》に見えるたて物《もの》。

❻ □《きし》べをさん歩する。

□問《もん》正かい！　まん点になるまでおさらいしよう！

答えは122ページ

月　　日

20 ひき算の筆算 ②

タイムアタック目標**5**分

分　　秒

★ 次《つぎ》の計算をしましょう。

❶ $362 - 173$

❷ $631 - 259$

❸ $475 - 386$

❹ $710 - 675$

❺ $980 - 486$

❻ $764 - 665$

❼ $340 - 46$

❽ $980 - 899$

❾ $403 - 265$

❿ $601 - 128$

⓫ $205 - 59$

⓬ $900 - 268$

⓭ $300 - 24$

⓮ $600 - 7$

⓯ $805 - 9$

⓰ $704 - 7$

□問《もん》正かい！まん点になるまでおさらいしよう！

答えは122ページ

21　予想悪定去

タイムアタック目標5分
分　秒

読もう

❶ 悪いけっかを予想する。

❷ あらしがすぎ去った。

❸ 定休日を定める。

❹ 三角定ぎを持《も》って行く。

❺ えい画の悪役。

❻ 去年のできごと。

書こう

❶ さい□《あく》のけっかに終《お》わる。

❷ □□《よてい》をしっかり立てる。

❸ 他《た》人の□《わる》口は言わない。

❹ カメラの画ぞうを消《しょう》□《きょ》する。

❺ 感《かん》□《そう》をのべて、その場を□《さ》る。

❻ まだ気持《も》ちが□《さだ》まっていない。

□問《もん》正かい！　まん点になるまでおさらいしよう！

答えは122ページ

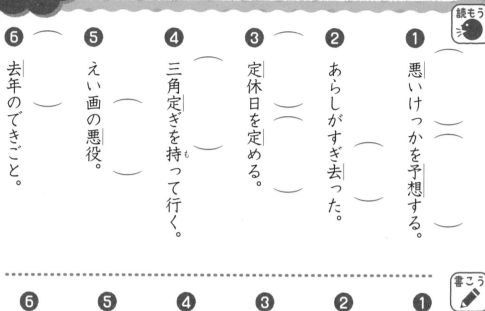

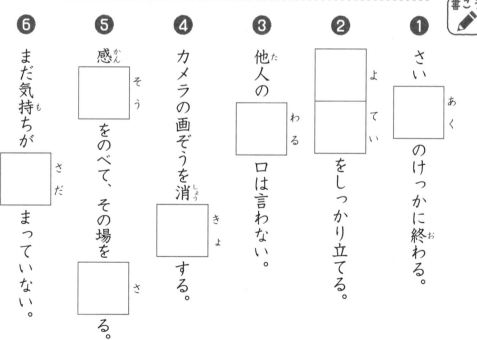

月　日

21 ひき算の筆算 ③

タイムアタック 目標 5 分

分　秒

★ 次《つぎ》の計算をしましょう。

❶ 6789 − 2345

❷ 5924 − 3821

❸ 9733 − 9526

❹ 3059 − 1968

❺ 2102 − 1834

❻ 1016 − 87

❼ 1000 − 380

❽ 1000 − 525

❾ 1000 − 49

❿ 2003 − 64

⓫ 5020 − 4999

⓬ 9000 − 105

□ 問《もん》 正かい！ まんてんになるまでおさらいしよう！

答えは 122ページ

22 落葉庭面路

タイムアタック 目標5分
分　秒

読もう

1. 庭の木の葉が全部《ぜんぶ》落ちた。
2. 校庭のもみじのこう葉。
3. 地面に赤い実《み》を落とす。
4. 道路に植《う》えられた木。
5. 落石に注意《ちゅうい》する。
6. 家路につく。

書こう

1. 秋は□《らく》□《よう》のきせつです。
2. 有《ゆう》名な□《てい》園を見学する。
3. □《は》の表《ひょう》□《めん》に朝つゆがつく。
4. □《にわ》の草をむしる。
5. □《お》とし物《もの》をとどける。
6. □《ろ》地うらのねこ。

□問《もん》正かい！　まん点になるまでおさらいしよう！

答えは122ページ

月　日

22 時間の計算

タイムアタック目標5分
分　秒

★ 次《つぎ》の時こくや時間をもとめましょう。

れいだい

❶ 9時40分から35分後の時こく　（10時15分）

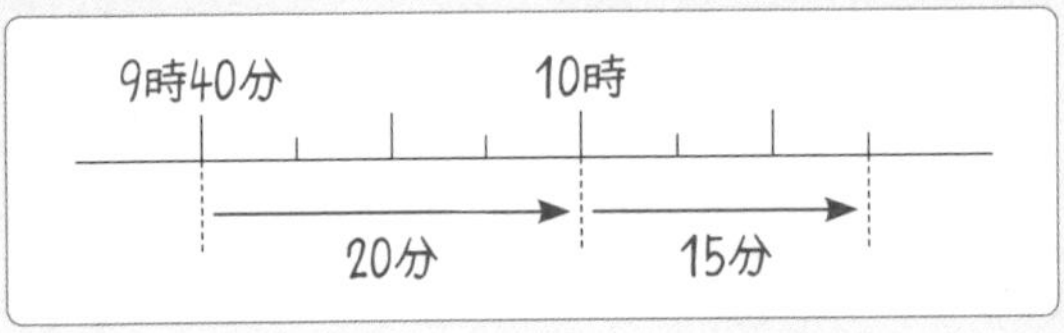

❷ 3時25分から40分後の時こく　（　　　）

❸ 4時10分から25分前の時こく　（　　　）

❹ 午前6時20分から午前7時50分までの時間　（　　　）

❺ 午前11時10分から午後4時までの時間　（　　　）

★ □にあてはまる数を書きましょう。

❻ 1分＝□秒《びょう》

❼ 1分20秒＝□秒

❽ 110秒＝□分□秒

❾ 2分＝□秒

□問《もん》正かい！まん点になるまでおさらいしよう！

答えは122ページ

23 童 館 係 平 都

タイムアタック目標5分　分　秒

読もう

❶ 童話を読んでもらう。

❷ 体育《いく》館の平らなゆか。

❸ 係の人たちの都合が悪《わる》い。

❹ 平和《わ》な都のくらし。

❺ 都会にあこがれる。

❻ 平等《どう》な人間かん係。

書こう

❶ じ□《どう》□《かん》の先生。

❷ 下級《きゅう》生とよいかん□《けい》をきずく。

❸ □《たい》らにのばす。

❹ □《つ》合よく、□《かかり》員《いん》と出会う。

❺ □《へい》きん台を運《はこ》ぶ。

❻ 日本の首□《と》は東京です。

□問《もん》正かい！　まん点になるまでおさらいしよう！

答えは122ページ

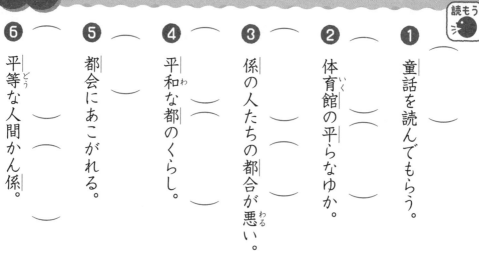

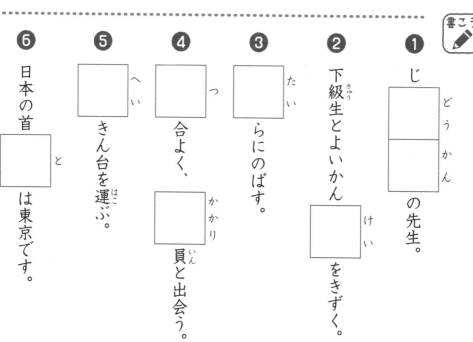

月　日

23 計算のまとめ①
時　間

タイムアタック 目標5分
分　秒

★ 次《つぎ》の時こくや時間をもとめましょう。

❶ 10時55分から20分後の時こく （　　）

❷ 6時30分から50分前の時こく （　　）

❸ 午前9時40分から午後2時10分までの時間 （　　）

❹ 午前8時から午後9時15分までの時間 （　　）

★ □にあてはまる数を書きましょう。

❺ 80分＝□時間□分

❻ 1時間30分＝□分

❼ 2時間20分＝□分

❽ 105秒《びょう》＝□分□秒

❾ 1分25秒＝□秒

❿ 2分10秒＝□秒

□問《もん》 正かい！ まんてんになるまでおさらいしよう！

答えは122ページ

24 漢字のまとめ③

タイムアタック 目標5分

分　秒

読もう

❶ 落語を聞きに行く。

❷ 下の言葉に直せつ係る。

❸ 予定がしっかり定まった。

❹ 平泳《およ》ぎの練習《れんしゅう》。

❺ か去のできごと。

❻ ぼう波ていをつくる。

書こう

❶ かれは□《あく》人ではない。

❷ 母の□《つ》合がつかなかった。

❸ □《かかり》の人にあん内してもらう。

❹ はく物《ぶつ》□《かん》にある□《は》っぱの化《か》石。

❺ 妹はシール□《あつ》めにこっている。

❻ □□《よそう》外の出来事《ごと》が起《お》こる。

□ 問《もん》正かい！　まん点になるまでおさらいしよう！

答えは122ページ

月　日

24 あまりのある わり算①

タイムアタック目標5分

分　秒

★ 次《つぎ》の計算をしましょう。

れいだい

❶ 17÷5＝ 3 あまり 2

3組できる　2こあまる

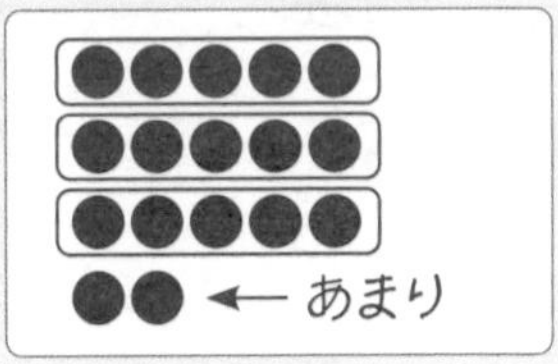

❷ 21÷4＝

❸ 14÷3＝

❹ 17÷2＝

❺ 15÷6＝

❻ 29÷5＝

❼ 30÷4＝

❽ 48÷7＝

❾ 71÷8＝

❿ 46÷6＝

⓫ 56÷9＝

⓬ 50÷6＝

⓭ 60÷8＝

⓮ 32÷5＝

⓯ 23÷9＝

□ 問《もん》正かい！ まん点になるまでおさらいしよう！

答えは122ページ

25 主役重油注

タイムアタック目標5分
分　秒

読もう

1. 主人公の役わり。
2. 重ような点に注目する。
3. き重で手に入れにくい油。
4. 重い荷物《にもつ》を重ねる。
5. 本の持《も》ち主が見つかる。
6. しょう油で味《あじ》つけする。

書こう

1. 石□《ゆ》を使《つか》う。
2. ガラスの花びんを□《ちゅう》意《い》して持《も》つ。
3. 水と□《あぶら》の□《おも》さをくらべる。
4. 一人ひとりの意《い》見をそん□《ちょう》する。
5. げきの□□《しゅやく》にえらばれる。
6. ど力を□《かさ》ねる。

□問《もん》正かい！まん点になるまでおさらいしよう！

答えは123ページ

月　日

25 あまりのある わり算②

タイムアタック目標5分

分　秒

★ 次《つぎ》の計算をして、答えのたしかめもしましょう。

れいだい

❶ 26÷4= 6 あまり 2

同じになる

答えのたしかめ… 4 × 6 + 2 = 26

※あまりがわる数より小さくなるようにする。

❷ 37÷5=

答えのたしかめ（　　　　　　　）

❸ 27÷6=

答えのたしかめ（　　　　　　　）

❹ 52÷8=

答えのたしかめ（　　　　　　　）

❺ 34÷4=

答えのたしかめ（　　　　　　　）

❻ 20÷7=

答えのたしかめ（　　　　　　　）

□問《もん》正かい！まん点になるまでおさらいしよう！

答えは123ページ

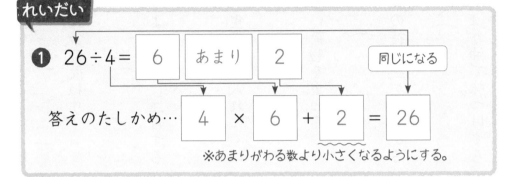

26 返事申負苦

タイムアタック目標5分
分　秒

読もう

❶ 返事がすぐに返ってくる。

❷ せ負うのに苦ろうする。

❸ 本当の事を申し上げる。

❹ 走ったので息《いき》が苦しい。

❺ 負たんが軽《かる》くなる。

❻ 負けて苦い顔になる。

書こう

❶ □《く》心してかんせいさせた。

❷ 父の言った□《こと》を聞き□《かえ》す。

❸ 品物《しなもの》を□《へん》品《ぴん》する。

❹ 勝《しょう》□《ぶ》に□《ま》ける。

❺ □《もう》しわけない□《こと》をした。

❻ □《にが》い薬《くすり》を飲《の》む。

□問《もん》正かい！　まん点になるまでおさらいしよう！

答えは123ページ

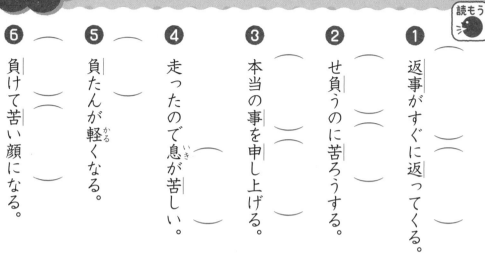

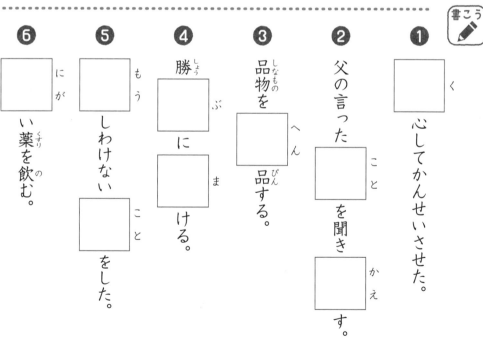

月　日

26 あまりのある わり算③

タイムアタック目標5分
分　秒

★ まん中の数を、まわりの数でわりましょう。

26÷4の答えを書きます。

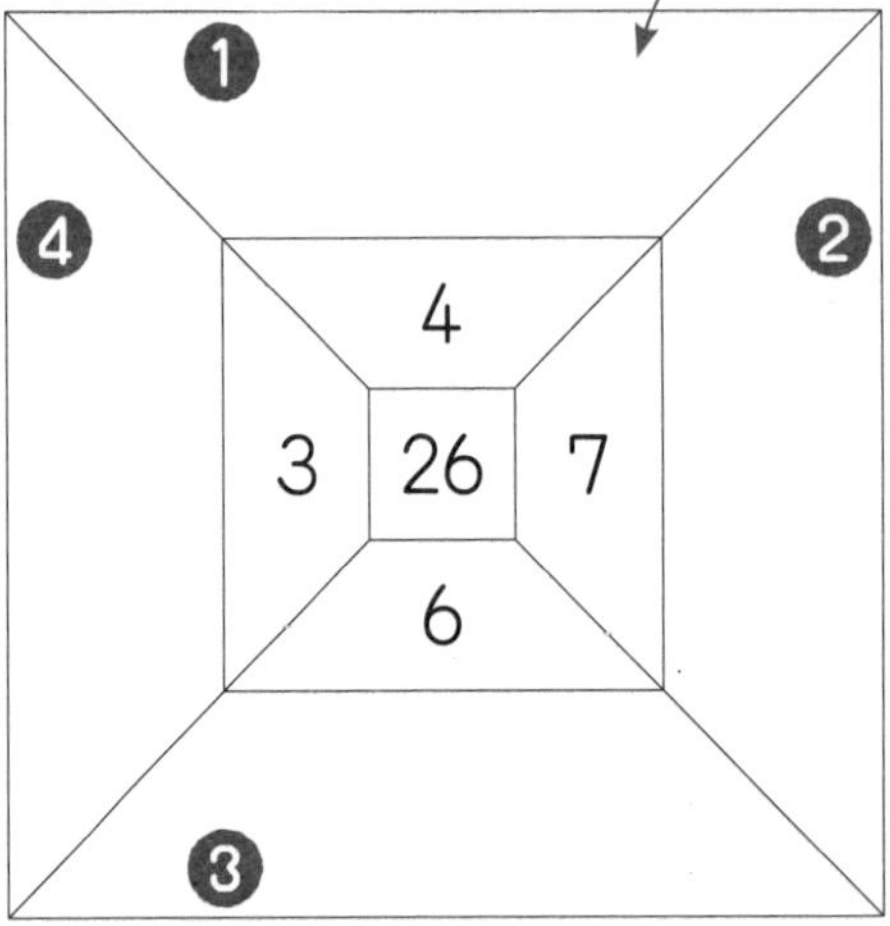

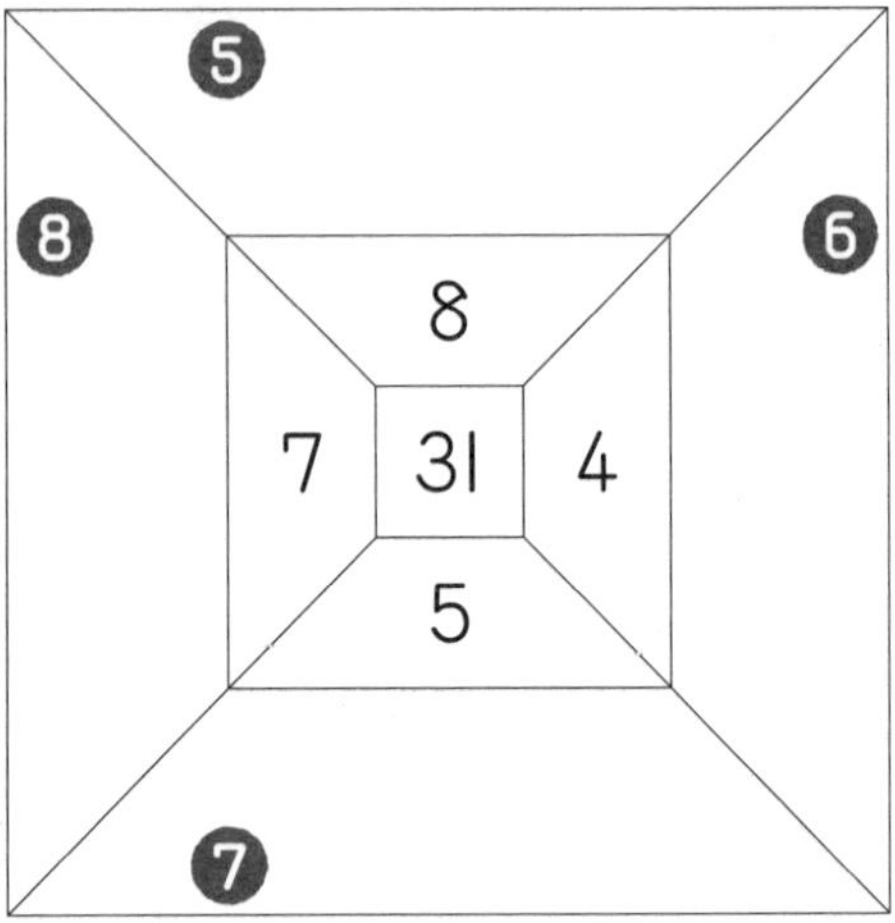

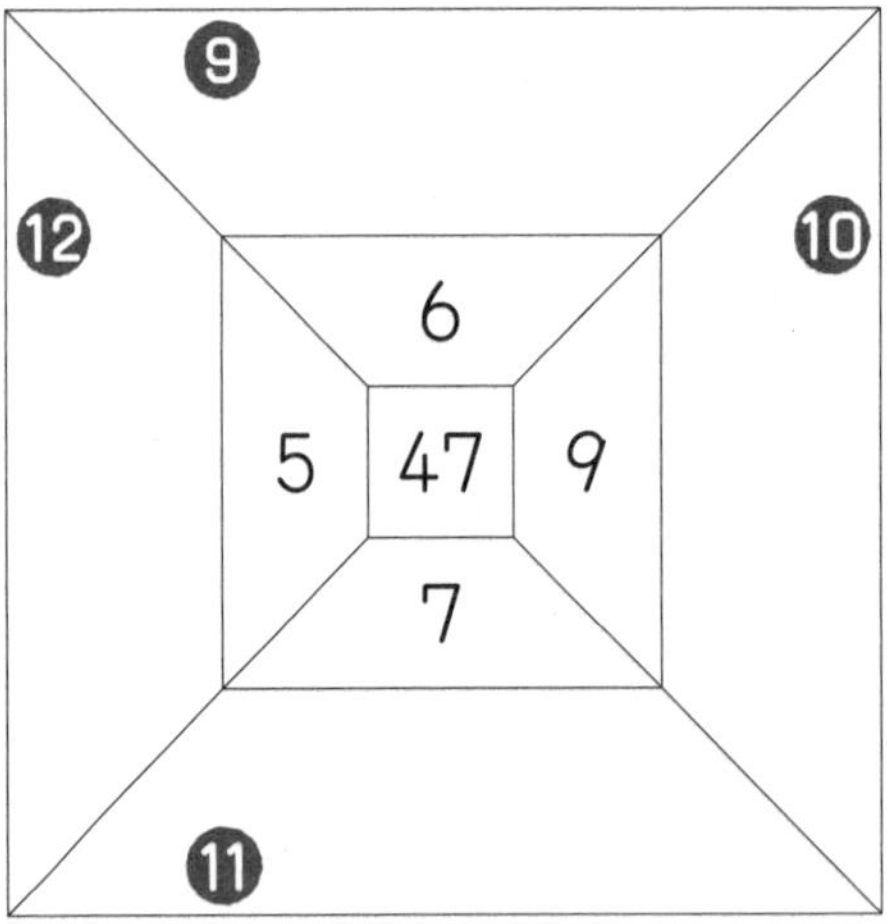

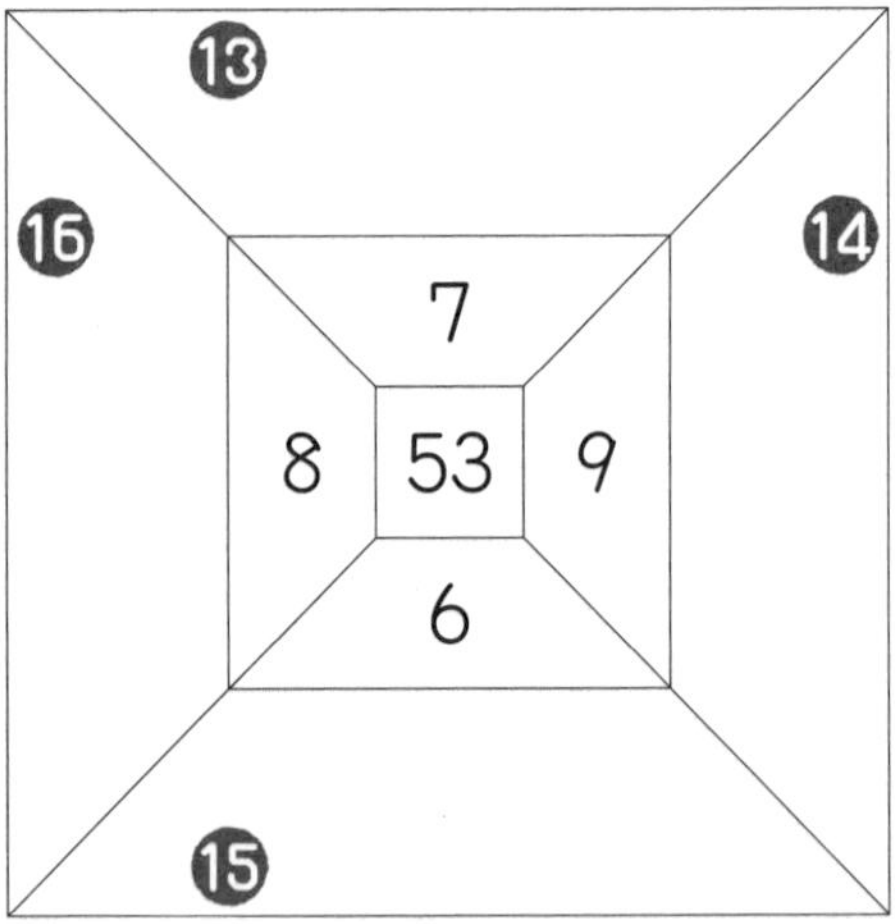

問《もん》 正かい！ まんてんになるまでおさらいしよう！

答えは123ページ

27 相談第者勉

タイムアタック 目標5分
分　秒

読もう

1. 手相を見る。
2. 学校の三者面《めん》談に行く。
3. 相しょうがよい。
4. 真《しん》相かい明への第一歩。
5. 勉強方ほうを教わる。
6. ゆめを持《も》ったわか者。

書こう

1. かれはクラスの人気□《もの》だ。
2. 医《い》□《しゃ》に□□《そうだん》する。
3. 新聞記□《しゃ》になりたい。
4. ゆめに向《む》かって□《べん》学にはげむ。
5. 全《まった》く□《あい》手にしてもらえない。
6. □《だい》一走□《しゃ》にえらばれる。

□問《もん》正かい！　まん点になるまでおさらいしよう！

答えは123ページ

月　日

27 大きい数のしくみ

タイムアタック目標5分
分　秒

★ 次《つぎ》の数を書きましょう。

れいだい

❶ 一万を2こ、千を1こ、百を5こ、十を9こ、一を6こあわせた数

一万の位《くらい》	千の位	百の位	十の位	一の位
2	1	5	9	6

（　　　　　）

❷ 一万を5こ、千を8こ、百を3こ、十を4こ、一を7こあわせた数（　　　　　）

❸ 一万を3こ、千を7こあわせた数（　　　　　）

❹ 十万を10こ集《あつ》めた数（　　　　　）

❺ 千万を10こ集めた数（　　　　　）

❻ 一万を402こ集めた数（　　　　　）

❼ 1000を530こ集めた数（　　　　　）

□問《もん》 正かい！ まん点になるまでおさらいしよう！

答えは123ページ

月　日

28 酒屋根代向

タイムアタック 目標5分

分　秒

読もう

❶ 日本酒（　）の古い酒（　）ぐら。

❷ 根（　）さいを育《そだ》てる。

❸ 妹の代（　）わりに向（　）かう。

❹ 時代（　）がかわる。

❺ 根（　）の生える方向（　）。

❻ 屋（　）台で酒（　）を買う。

書こう

❶ □□《さかや》で□《だい》金をしはらう。

❷ 下を□《む》いて歩くとあぶないよ。

❸ 大□《こん》をしゅうかくする。

❹ □《か》わりに引き受《う》ける。

❺ 青い□□《やね》のお店。

❻ お正月にあま□《ざけ》を飲《の》む。

□問《もん》 正かい！ まん点になるまでおさらいしよう！

答えは123ページ

28 大きい数の大小

タイムアタック 目標5分
分　秒

★ □にあてはまる数や、>、<を書きましょう。

れいだい

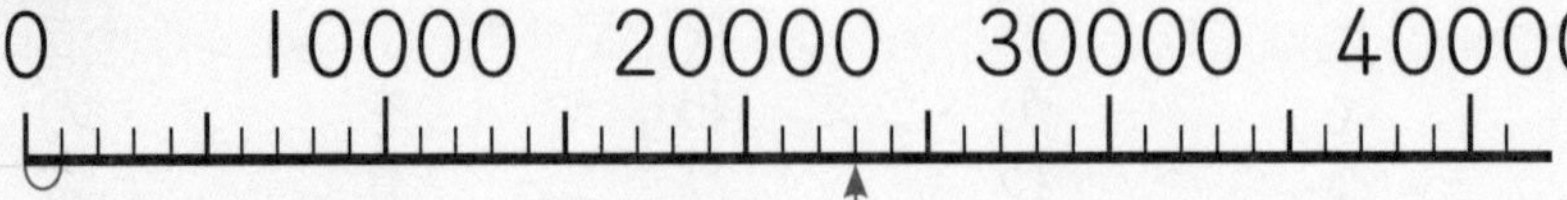

いちばん小さい
1めもりは1000を表《あらわ》す。

❶ 23000

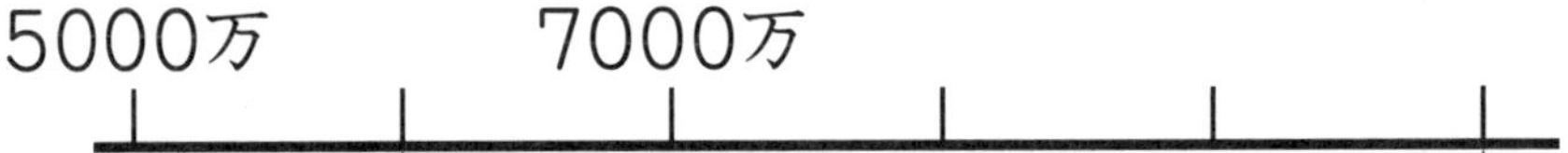

❷ □　❸ □

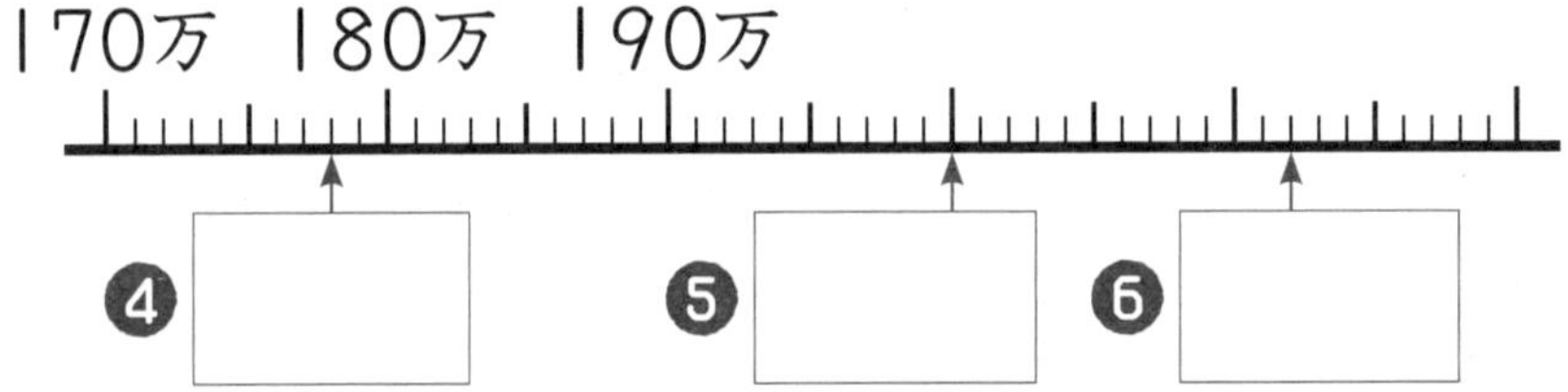

❹ □　❺ □　❻ □

❼ 64500 □ 65400　❽ 190000 □ 210000

❾ 1000000 □ 100000　❿ 990000 □ 1000000

□問《もん》正かい！ まんてんになるまでおさらいしよう！

答えは
123ページ

29 港 荷 受 倍 帳

タイムアタック 目標5分

分　秒

読もう

1. 船が港に着《つ》く。
2. 荷物《もつ》を受け取《と》る。
3. 受話きを取る。
4. 人口が倍ぞうする。
5. 日記帳を買ってもらう。
6. 出港の時間だ。

書こう

1. □《みなと》でつみ□《に》をおろす。
2. しっぱいを□《ちょう》消《け》しにする。
3. けんびきょうの□《ばい》りつを上げる。
4. 空□《こう》の手□《に》物《もつ》けんさ。
5. □《じゅ》けん生の姉を気づかう。
6. 二□《ばい》の注《ちゅう》文を□《う》ける。

□問《もん》正かい！　まんてんになるまでおさらいしよう！

答えは123ページ

29 大きい数のたし算

タイムアタック目標 5分

分　秒

★ 次《つぎ》の計算をしましょう。

れいだい

❶ 12000＋3000＝ 15000

1000が　12こ　3こ

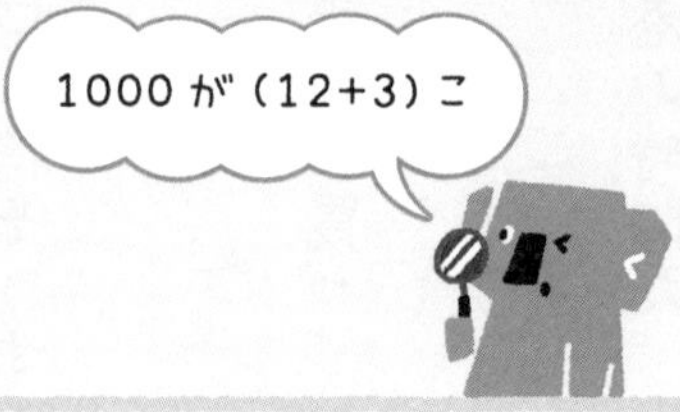

❷ 6000＋8000＝

❸ 50000＋50000＝

❹ 80000＋40000＝

❺ 200000＋90000＝

❻ 10万＋40万＝

❼ 12万＋8万＝

❽ 26万＋16万＝

❾ 55万＋45万＝

□問《もん》正かい！まん点になるまでおさらいしよう！

答えは123ページ

30 漢字のまとめ④

タイムアタック 目標5分　分　秒

読もう

❶ 主な登《とう》場人物《ぶつ》。

❷ コップに水を注ぐ。

❸ 油絵をかいてみたい。

❹ 屋上に出る。

❺ 千代紙をおる。

❻ 交代で係《かかり》になる。

書こう

❶ 四は二の二□《ばい》だ。

❷ 船が出□《こう》する。

❸ 真《ま》心をこめて□□《へんじ》を出す。

❹ 体□《じゅう》そく定《てい》をする。

❺ しょう来は医《い》□《しゃ》になりたい。

❻ 真《しん》けんに□□《そうだん》に乗《の》る。

□問《もん》 正かい！ まん点になるまでおさらいしよう！

答えは123ページ

30 大きい数のひき算

タイムアタック目標5分
分　秒

★ 次《つぎ》の計算をしましょう。

れいだい

❶ 12000−3000= 9000

1000が 12こ　3こ

❷ 13000−5000=

❸ 10000−4000=

❹ 400000−90000=

❺ 360000−300000=

❻ 9万−2万=

❼ 20万−5万=

❽ 700万−600万=

❾ 100万−10万=

□問《もん》正かい！ まん点になるまでおさらいしよう！

答えは123ページ

31 駅 央 階 待 柱

タイムアタック 目標5分

分　秒

読もう

❶ 中央（　）口から出る。

❷ 駅（　）のホームで待（　）ち合わす。

❸ 長い階（　）だんをのぼる。

❹ 電柱（　）のかげにかくれる。

❺ 駅（　）のホームで待（　）きする。

❻ 大きな柱（　）時計がある。

書こう

❶ 中□《おう》に、し□《ちゅう》を立てる。

❷ 二□《かい》だての□《えき》になる。

❸ 新しい□《えき》に期《き》□《たい》する。

❹ 西行きのバスを□《ま》つ。

❺ 一家の大黒□《ばしら》としてはたらく。

❻ 友だちをしょう□《たい》する。

□問《もん》正かい！ まん点になるまでおさらいしよう！

答えは123ページ

31 10倍した数、10でわった数

タイムアタック 目標 5分

分　秒

★ 次《つぎ》の計算をしましょう。

れいだい

❶ 46×10= 460

百	十	一
	4	6
4	6	0

10倍《ばい》

れいだい

❽ 460÷10= 46

百	十	一
4	6	0
	4	6

10でわる

❷ 30×10=

❸ 72×10=

❹ 250×10=

❺ 46×100=

❻ 850×100=

❼ 6300×100=

❾ 30÷10=

❿ 540÷10=

⓫ 800÷10=

⓬ 1000÷10=

⓭ 6050÷10=

⓮ 9000÷10=

□ 問《もん》 正かい！ まん点になるまでおさらいしよう！

答えは123ページ

32 鉄橋横客住

タイムアタック目標5分
分　秒

読もう

❶ 鉄（　　）ぼうがとく意《い》だ。

❷ 橋（　　）をわたる。

❸ 横（　　）だん歩道と歩道橋（　　）。

❹ お客（　　）さんを客間（　　）に通す。

❺ 住所（　　）《しょ》の横（　　）に名前を書く。

❻ マンションに住（　　）む。

書こう

❶ □□《てっきょう》をわたる電車。

❷ この□《じゅう》たくに□《す》む。

❸ 日本一長いつり□《ばし》をわたる。

❹ 自転《てん》車が□《おう》転する。

❺ くたびれて□《よこ》になる。

❻ □《きゃく》せきにあん内する。

□問《もん》正かい！　まん点になるまでおさらいしよう！

答えは124ページ

32 何十、何百のかけ算

タイムアタック 目標 5分
分　秒

★ 次《つぎ》の計算をしましょう。

れいだい

❶ 30×2= 60

れいだい

❽ 300×2= 600

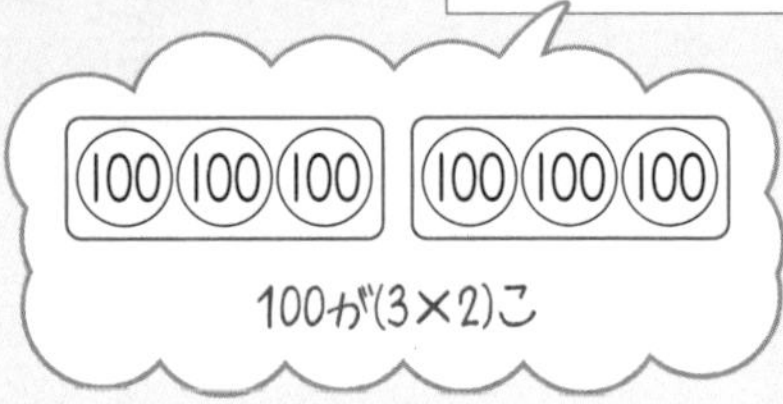

❷ 20×4=

❸ 40×3=

❹ 60×4=

❺ 50×6=

❻ 80×5=

❼ 90×7=

❾ 200×4=

❿ 300×6=

⓫ 700×9=

⓬ 200×5=

⓭ 500×4=

⓮ 600×8=

□ 問《もん》正かい！ まん点になるまでおさらいしよう！

答えは124ページ

33 遊具使運安

タイムアタック 目標5分
分　秒

読もう

❶ 遊園地に行く。
❷ 重《おも》い道具をゆっくり運ぶ。
❸ 毛糸を使って遊ぶ。
❹ 安心してまかせられる。
❺ 運動《どう》場を使用する。
❻ スーパーの安売り。

書こう

❶ 五つのざいりょうを□《つか》って作る。
❷ □《あん》全《ぜん》□《うん》転《てん》を心がける。
❸ □《やす》い買い物《もの》をする。
❹ 持《も》ち□《はこ》びにべんりなかさ。
❺ 公園の□《ゆう》□《ぐ》で□《あそ》ぶ。
❻ □《し》命《めい》をしっかりとはたす。

□問《もん》正かい！　まん点になるまでおさらいしよう！

答えは124ページ

月　日

33 1けたの数をかける かけ算 ①

タイムアタック目標 5分
分　秒

★ 次《つぎ》の計算をしましょう。

れいだい

❶

	1	4
×		3
	4	2

一の位《くらい》の計算 …「三四12」
2を一の位に書く。
1を十の位にくり上げる。

十の位の計算 …「三一が3」
くり上げた1と3で4

❷ 12×3

❸ 23×2

❹ 30×3

❺ 12×8

❻ 16×5

❼ 43×3

❽ 60×8

❾ 15×7

❿ 48×9

⓫ 64×5

⓬ 25×4

⓭ 34×6

□ 問《もん》正かい！まん点になるまでおさらいしよう！

答えは124ページ

34 宿 旅 族 州 陽

タイムアタック 目標5分

分　秒

読もう

❶ 旅館《かん》に宿はくする。

❷ 世《せ》界《かい》中を旅してみたい。

❸ みん族いしょうを着《き》る。

❹ 一人で宿にとまる。

❺ 陽気なせいかく。

❻ 九州に旅行する。

書こう

❶ 家□《ぞく》□《りょ》行に出かける。

❷ 百年のれきしを持《も》つ□《やど》。

❸ ハワイ□《しゅう》を□《たび》する。

❹ □《しゅく》題《だい》を終《お》わらせる。

❺ 太□《よう》がまぶしい。

❻ 母のおなかに命《いのち》が□《やど》る。

□問《もん》正かい！ まん点になるまでおさらいしよう！

答えは124ページ

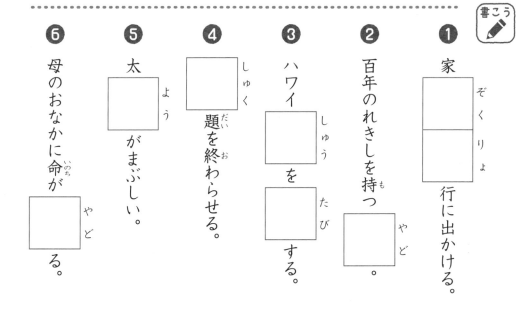

34 1けたの数をかける かけ算 ②

タイムアタック 目標 5分
分　秒

★ 次《つぎ》の計算をしましょう。

れいだい

❶

	4	3	8
×			3
1	3	1	4

一の位《くらい》の計算 …「三八 24」

十の位の計算 …「三三が9」 2と9で11

百の位の計算 …「三四12」

1＋12＝13

❷ 213 × 2

❸ 321 × 4

❹ 420 × 5

❺ 367 × 2

❻ 659 × 6

❼ 794 × 7

❽ 356 × 9

❾ 875 × 8

❿ 804 × 5

□問《もん》正かい！ まん点になるまでおさらいしよう！

答えは124ページ

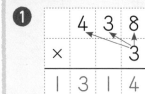

35 緑植豆畑皮

タイムアタック 目標5分
分　秒

読もう

❶ 大豆（　）から豆（　）ふを作る。

❷ 植林（　）で山の緑（　）をふやす。

❸ 豆（　）のかたい皮（　）をむく。

❹ 畑（　）になえを植（　）える。

❺ 田畑（　）をたがやす。

❻ 緑黄色（　）野さいを食べる。

書こう

❶ □《しょく》物《ぶつ》を□《う》えて育《そだ》てる。

❷ □《とう》にゅうは体によい。

❸ □《りょく》茶をおいしく入れる。

❹ おじさんの家は□《はた》作農《のう》家だ。

❺ □《みどり》色の□《まめ》。

❻ とらぬたぬきの□《かわ》算用。

□問《もん》正かい！ まん点になるまでおさらいしよう！

答えは124ページ

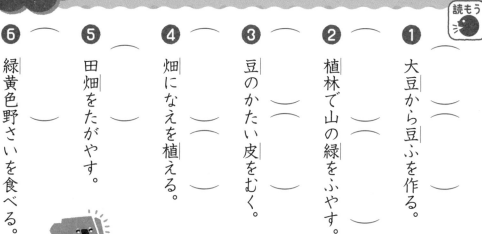

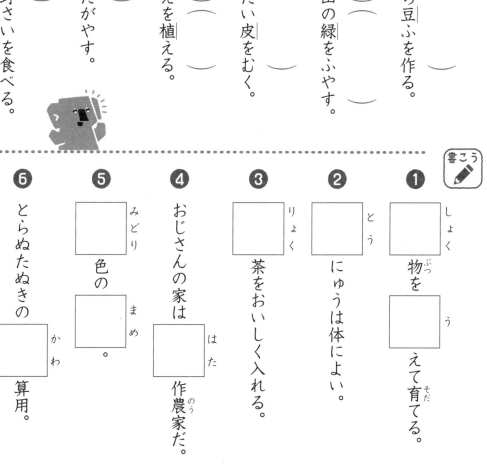

35 1けたの数をかけるかけ算③

タイムアタック目標5分
分　秒

★ 次《つぎ》の計算をしましょう。

❶ 21×4

❷ 47×3

❸ 28×5

❹ 90×6

❺ 78×9

❻ 75×4

❼ 143×2

❽ 326×3

❾ 538×7

❿ 672×3

⓫ 625×8

⓬ 208×5

□問《もん》正かい！まん点になるまでおさらいしよう！

答えは124ページ

月　日

36 漢字のまとめ⑤

タイムアタック 目標5分

分　秒

読もう

❶ 畑（　）仕事《しごと》を手（　）つだう。

❷ 皮（　）ふをせいけつにする。

❸ 緑色（　）の絵（　）の具（　）を買う。

❹ 豆電球《きゅう》（　）を取《と》りかえる。

❺ 新しい住（　）まい。

❻ 旅人（　）にあこがれる。

書こう

❶ □《やす》い道□《ぐ》を□《つか》う。

❷ 今夜の□《やど》をさがす。

❸ □《うん》動《どう》場の□《てつ》ぼう。

❹ ビルのさい上□《かい》に上る。

❺ そんな□《ひ》肉を言ってはいけない。

❻ 友だちの□《よこ》顔をスケッチする。

□問《もん》正かい！ まん点になるまでおさらいしよう！

答えは124ページ

月　　日

36 計算のじゅんじょ

タイムアタック目標5分

分　　秒

★ くふうして計算しましょう。

れいだい

❶ 67×5×2=67×(5 × 2)= 670

あとの 2 つを先に計算しても、
答えは同じになる。

❷ 34×5×2=34×(5×2)=

❸ 45×2×5=

❹ 80×5×2=

❺ 40×4×2=

❻ 60×3×3=

❼ 700×5×2=

❽ 900×2×2=

❾ 596×2×5=

□ 問《もん》正かい！ まん点になるまでおさらいしよう！

答えは
124ページ

37 泳深息鼻追

タイムアタック 目標5分
分　秒

読もう

❶ 妹は水泳がとく意《い》だ。

❷ 深くもぐって泳ぐ。

❸ 休息をとる。

❹ 鼻からゆっくり息をすう。

❺ 追かの注《ちゅう》文をする。

❻ 深海魚を追いかける。

書こう

❶ □《しん》こくな表じょうをする。

❷ 弟がね□《いき》をたてる。

❸ 水□《えい》中、□《はな》をつまむ。

❹ 姉は□《ふか》い海でも□《およ》げる。

❺ 消《しょう》□《そく》をたずねる。

❻ 原いんを□《つい》究《きゅう》する。

□問《もん》正かい！ まん点になるまでおさらいしよう！

答えは125ページ

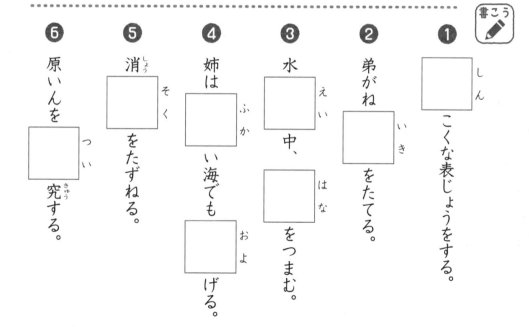

月　日

37 長い長さ

タイムアタック目標5分
分　秒

★ □にあてはまる数を書きましょう。

れいだい

❶ 1km 300m＝［1300］m

1000mと300mをあわせた長さ

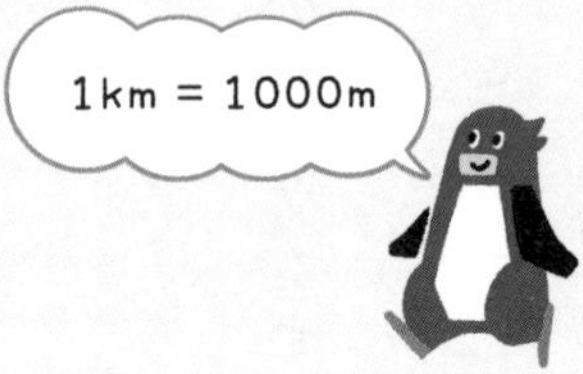

❷ 1km500m＝［　］m

❸ 2km＝［　］m

❹ 3km70m＝［　］m

❺ 5000m＝［　］km

❻ 3200m＝［　］km［　］m

❼ 1080m＝［　］km［　］m

❽ 1kmは100mの［　］倍

❾ 1kmは10mの［　］倍

［　］問《もん》正かい！まん点になるまでおさらいしよう！

答えは125ページ

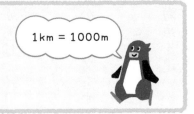

38 委員決級笛

タイムアタック目標5分　分　秒

読もう

❶ 委員長をみんなで決める。

❷ みんなでかい決する。

❸ 汽笛を鳴らす。

❹ なかよしの級友と遊《あそ》ぶ。

❺ 笛の合図で集《あつ》まる。

❻ 下級生と活動《どう》する。

書こう

❶ 今月の目ひょうを□《き》める。

❷ クラスの一□《いん》としてがんばる。

❸ □《い》□《いん》会で□《けっ》定《てい》する。

❹ 口□《ぶえ》をふく。

❺ 学□《きゅう》会で□《き》まる。

❻ こ□《てき》たいに入りたい。

□問《もん》正かい！　まん点になるまでおさらいしよう！

答えは125ページ

月　日

38 長い長さの計算

タイムアタック 目標5分

分　秒

★ 次《つぎ》の計算をしましょう。

れいだい

❶ 1km200m－500m＝ 1200 m－ 500 m＝ 700 m

同じたんいどうしを計算する。

❷ 600m＋800m＝□km□m

❸ 1km300m＋2km500m＝□km□m

❹ 1km800m＋200m＝□km

❺ 4km600m－3km100m＝□km□m

❻ 2km－300m＝□km□m

❼ 3km100m－900m＝□km□m

❽ 7km400m－3km400m＝□km

□問《もん》 正かい！ まん点になるまでおさらいしよう！

答えは125ページ

39 感 暑 寒 身 氷

タイムアタック 目標5分
分　秒

読もう

1. いつもより暑いと感じる。
2. 全《ぜん》身からあせが出る。
3. ざん暑がきびしい。
4. 流《りゅう》氷が流《なが》れ着《つ》く。
5. 寒い日に池に氷がはる。
6. ぼう寒具《ぐ》を身に着《つ》ける。

書こう

1. □《あつ》いのでかき□《ごおり》を食べる。
2. 夏休みの読書□《かん》想《そう》文を書く。
3. □《しょ》中見まいを出す。
4. □《しん》長がのびた。
5. 外は□《ひょう》点下の□《さむ》さだ。
6. コートをぬいで□《み》軽《がる》になる。

□問《もん》正かい！ まん点になるまでおさらいしよう！

答えは125ページ

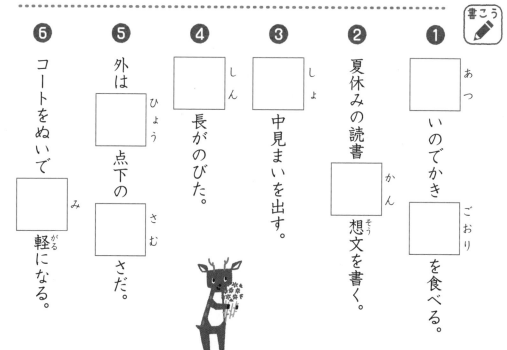

月　日

39 計算のまとめ②
長さ

タイムアタック 目標 5分
分　秒

★ 次《つぎ》の計算をしましょう。

❶ 700m＋500m＝□km□m

❷ 300m＋950m＝□km□m

❸ 1km100m＋400m＝□km□m

❹ 1km600m＋850m＝□km□m

❺ 1km＋1km200m＝□km□m

❻ 900m－300m＝□m

❼ 1km800m－700m＝□km□m

❽ 1km100m－500m＝□m

❾ 1km－800m＝□m

❿ 2km200m－600m＝□km□m

□問《もん》正かい！ まん点になるまでおさらいしよう！

答えは125ページ

40 消化飲取他

タイムアタック目標5分　分　秒

読もう

❶ 消化によい食べ物《もの》。

❷ 飲み物をせっ取する。

❸ ろうそくの火を消す。

❹ 人を化かして消えた。

❺ 飲食店から出前を取る。

❻ 他人とくらべない。

書こう

❶ □《いん》りょう水を□《の》む。

❷ 予《よ》やくを□《と》り□《け》す。

❸ 外国の食文□《か》を調《しら》べる。

❹ たぬきが人に□《ば》ける物《もの》語。

❺ □《しゅ》ざいを申《もう》しこむ。

❻ 自□《た》ともにみとめる天才。

□問《もん》正かい！　まん点になるまでおさらいしよう！

答えは125ページ

40 小数の大きさの表し方

タイムアタック目標5分
分　秒

★ □にあてはまる数を書きましょう。

れいだい

❶ 5mm＝ 0.5 cm

1mm＝0.1cm

れいだい

❽ 4dL＝ 0.4 L

1dL＝0.1L

❷ 7mm＝□cm

❸ 23mm＝□cm

❹ 165mm＝□cm

❺ 0.2cm＝□mm

❻ 4.8cm
＝□cm□mm

❼ 0.1cmの25こ分は
□cm

❾ 6dL＝□L

❿ 18dL＝□L

⓫ 0.9L＝□dL

⓬ 2L5dL＝□L

⓭ 3.2L
＝□L□dL

⓮ 2.8Lは0.1dLの
□こ分

□問《もん》正かい！ まん点になるまでおさらいしよう！

答えは125ページ

41 命　助　軽　悲　暗

タイムアタック 目標5分
分　秒

読もう

❶ 自分の命（　）をかけて助（　）ける。

❷ 軽（　）いけがですんだ。

❸ 悲鳴（　）が聞こえる。

❹ 犬の死《し》を悲（　）しむ。

❺ 暗（　）い中でも命中（　）した。

❻ 助手（　）と軽食（　）を取《と》る。

書こう

❶ 君《きみ》のおかげで□《たす》かった。

❷ □《いのち》を□《かる》くみてはならない。

❸ □《くら》く□《かな》しい物《もの》語を読む。

❹ 生□《めい》のとうとさを感《かん》じる。

❺ □《じょ》走をつけてとぶ。

❻ □《けい》そうで出かける。

□問《もん》正かい！ まん点になるまでおさらいしよう！

答えは125ページ

41 小数のしくみ

タイムアタック 目標5分　分　秒

★ □にあてはまる数や、>、<を書きましょう。

れいだい

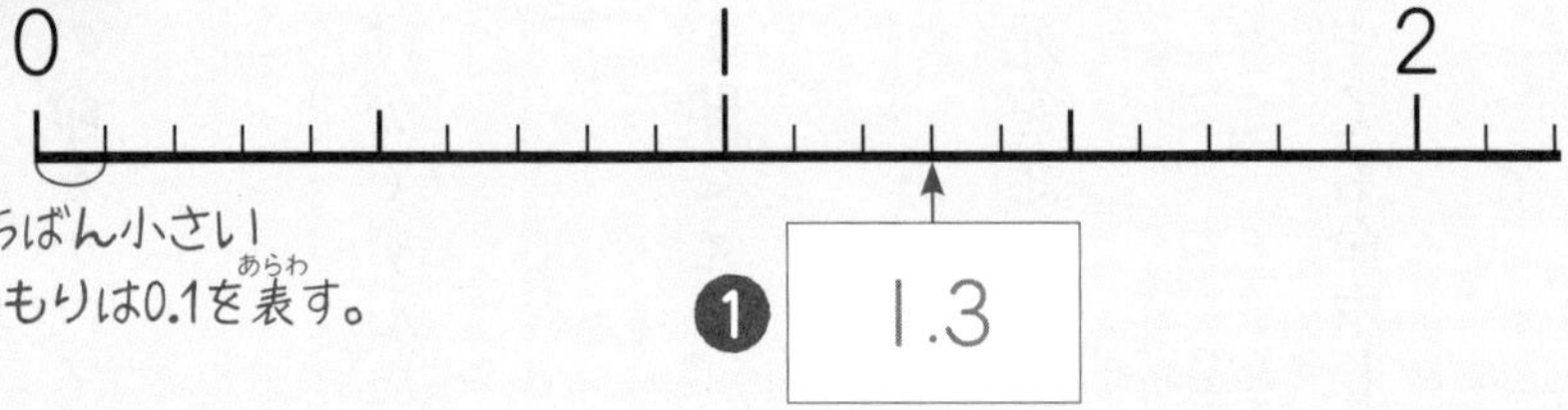

いちばん小さい1めもりは0.1を表《あらわ》す。

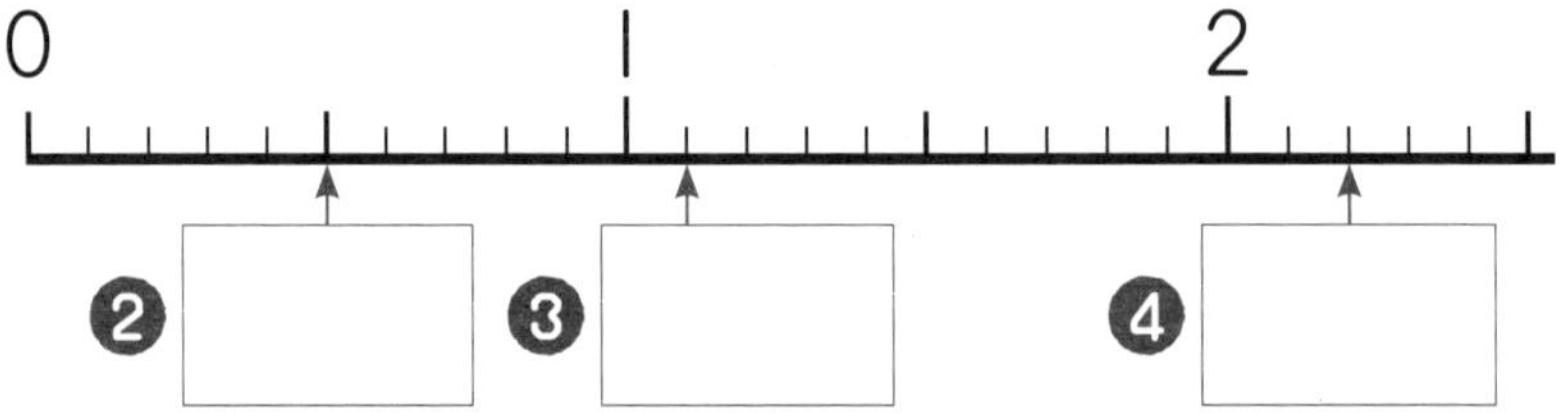

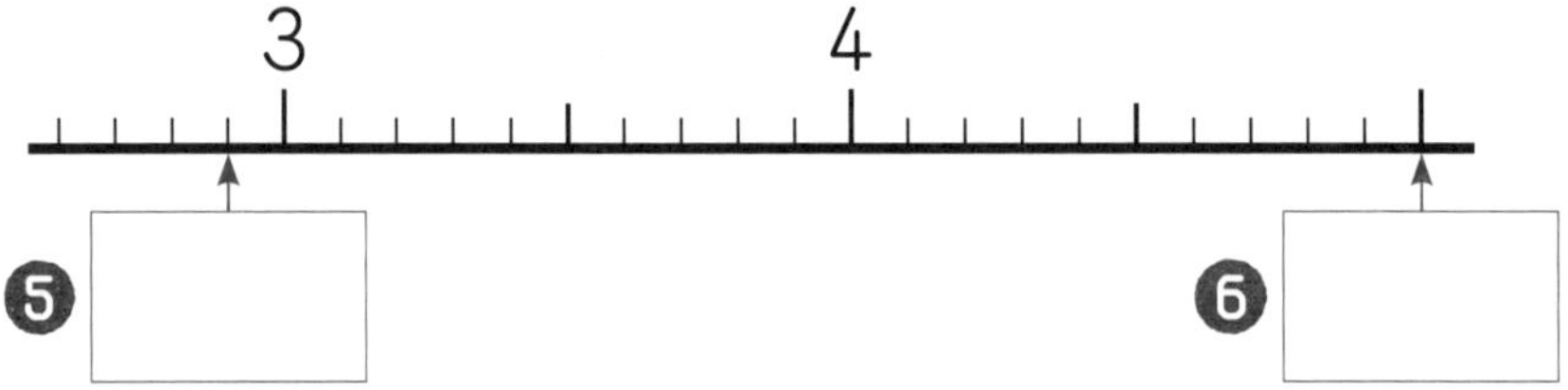

❼ 0.6 [<] 0.8　　❽ 5.4 [ ] 4.5

❾ 1 [ ] 0.9　　❿ 0.1 [ ] 0

□問《もん》 正かい！ まんてんになるまでおさらいしよう！

答えは125ページ

月　日

42 漢字のまとめ⑥

タイムアタック目標5分
分　秒

読もう

❶ せ泳ぎがとく意《い》です。

❷ 悲しい出来事《ごと》。

❸ 南国に生息する動物《どうぶつ》。

❹ 暗号《ごう》をとく。

❺ 身近な話を取り上げる。

❻ 遠足の日が決まる。

書こう

❶ つめたい□《こおり》水を□《の》む。

❷ □《かん》しゃの気持《も》ちを持つ。

❸ □《けい》かいなダンスをひろうする。

❹ 図書□《い》□《いん》に立こうほする。

❺ □《け》しゴムで□《け》す。

❻ きょうりゅうの□《か》石。

□問《もん》正かい！ まん点になるまでおさらいしよう！

答えは125ページ

月　日

42 小数のたし算 ①

タイムアタック 目標5分
分　秒

★ 次《つぎ》の計算をしましょう。

れいだい

❶ 0.6＋0.3＝ 0.9
（0.1の（6＋3）こ分）

❷ 1.4＋0.7＝ □
（0.1の（14＋7）こ分）

❸ 0.2＋0.5＝

❹ 0.1＋0.8＝

❺ 0.5＋0.5＝

❻ 0.7＋0.3＝

❼ 0.6＋0.8＝

❽ 0.9＋0.9＝

❾ 0.4＋1.5＝

❿ 1.3＋0.4＝

⓫ 1＋0.6＝

⓬ 0.9＋2＝

⓭ 1.5＋0.5＝

⓮ 2.9＋0.2＝

⓯ 2.7＋0.5＝

⓰ 2.8＋0.2＝

□問《もん》正かい！ まん点になるまでおさらいしよう！

答えは125ページ

43 昭和放送終

タイムアタック 目標5分
分　秒

読もう

❶ 放送（　　）委員《いいん》になる。

❷ 昭和（　　）時代《だい》の名曲《きょく》を流《なが》す。

❸ じゅ業《ぎょう》終（　　）りょうのベル。

❹ 友だちに手紙を送（　　）る。

❺ 終（　　）わりのあいさつ。

❻ 矢を放（　　）つ。

書こう

❶ 番組がさい□《しゅう》回をむかえる。

❷ □《ほう》か後の読書を□《お》える。

❸ 野鳥を外へ□《はな》してやる。

❹ □《わ》気あいあいとした集《あつ》まり。

❺ 荷物《にもつ》を□《おく》るための□《そう》りょう。

❻ 両《りょう》親は□《しょう》□《わ》生まれです。

□問《もん》正かい！　まん点になるまでおさらいしよう！

答えは125ページ

月　日

43 小数のたし算②

タイムアタック目標5分
分　秒

★ 筆算《ひっさん》でしましょう。

れいだい

❶

	2	.3
+	4	.5
	6	.8

1 位《くらい》をそろえて書く。
2 整数《せいすう》のたし算と同じように計算する。
3 上の小数点にそろえて答えの小数点をうつ。

❷
```
   3.1
 + 2.6
```

❸
```
   4.7
 + 3.5
```

❹
```
   5.2
 + 3.8
```

❺
```
   3
 + 6.4
```

❻ 1.7＋1.8

❼ 6.4＋2.9

❽ 1.3＋2.7

❾ 5.8＋4.6

❿ 8＋3.2

⓫ 4.9＋12.1

□問《もん》 正かい！ まんてんになるまでおさらいしよう！

答えは126ページ

44 県 区 指 世 界

タイムアタック 目標5分
分　秒

読もう

❶ 地区大会に出る。

❷ 県大会を目指す。

❸ 指じ通りに指を動《うご》かす。

❹ げん界まで走る。

❺ 二十一世きの世の中。

❻ 世代をこえた活動《どう》。

書こう

❶ □《けん》でも□《ゆび》おりのせん手だ。

❷ スポーツの業《ぎょう》□《かい》ではたらく。

❸ □□《せかい》で活やくするせん手。

❹ 立ち入りきん止□《く》いき。

❺ 正かいだと思うものを□《さ》す。

❻ □《よ》に知られた□《し》き者《しゃ》。

□問《もん》正かい！ まん点になるまでおさらいしよう！

答えは126ページ

月　日

44 小数のひき算①

タイムアタック目標5分
分　秒

★ 次《つぎ》の計算をしましょう。

れいだい

❶ 0.9−0.2＝ 0.7

0.1の（9−2）こ分

❷ 1.6−0.7＝ □

0.1の（16−7）こ分

❸ 0.8−0.3＝

❹ 0.7−0.6＝

❺ 1−0.8＝

❻ 1−0.4＝

❼ 1.3−0.4＝

❽ 1.6−0.8＝

❾ 2−0.5＝

❿ 3−0.3＝

⓫ 1.7−1＝

⓬ 2.4−2＝

⓭ 1.1−0.1＝

⓮ 2.9−0.9＝

⓯ 3.5−1.7＝

⓰ 5.2−4.8＝

□問《もん》正かい！まん点になるまでおさらいしよう！

答えは126ページ

45 農業始仕期

タイムアタック 目標5分
分　秒

読もう

❶ 農業をいとなむ。

❷ 母の仕事《ごと》を手つだう。

❸ おこづかいを期待《たい》する。

❹ 王様《さま》に仕える。

❺ 原始時代《だい》のくらし。

❻ 二学期がいよいよ始まる。

書こう

❶ 今年も□《のう》作物《もつ》がよく育《そだ》った。

❷ 九月はいねかりの時□《き》です。

❸ 父の□《し》事は十時開《かい》□《し》です。

❹ たねからめが出□《はじ》めた。

❺ 今日は□《し》□《ぎょう》式《しき》です。

❻ ししょうに□《つか》える弟子《で》。

□問《もん》正かい！　まん点になるまでおさらいしよう！

答えは126ページ

月　日

45 小数のひき算 ②

タイムアタック目標5分
分　秒

★ 筆算《ひっさん》でしましょう。

れいだい

❶

	5.	6
−	2.	4
	3.	2

1 位《くらい》をそろえて書く。
2 整数《せいすう》のひき算と同じように計算する。
3 上の小数点にそろえて答えの小数点をうつ。

❷
　4.7
− 3.5

❸
　3.2
− 1.9

❹
　6
− 1.6

❺
　8.9
− 5.9

❻ 6.3−4.7

❼ 7.1−6.8

❽ 9−5.2

❾ 13.4−7.5

❿ 10.3−9.4

⓫ 13.3−1.3

問《もん》正かい！まん点になるまでおさらいしよう！

答えは126ページ

46 温度炭整板

タイムアタック 目標5分　分　秒

読もう

❶ 温かい飲《の》み物《もの》。

❷ 鉄《てっ》板の表面《ひょうめん》温度を上げる。

❸ 炭火をおこす。

❹ じゅんびが整う。

❺ 木炭を板の間に運《はこ》ぶ。

❻ 整理整とんを心がける。

書こう

❶ 丁《ちょう》□《ど》よい□《あたた》かさだ。

❷ 立ぱな□《いた》前になりたい。

❸ 服《ふく》そうを□《ととの》える。

❹ 教室の□《おん》□《ど》がひくい。

❺ 体育館《いくかん》に□《せい》列《れつ》する。

❻ 石□《たん》で走る列《れっ》車。

□問《もん》 正かい！ まん点になるまでおさらいしよう！

答えは126ページ

月　日

46 分数の大きさの表し方

タイムアタック目標5分
分　秒

★ 次《つぎ》の問題《もんだい》に答えましょう。

れいだい

❶ 1mを5等分《とうぶん》した3こ分の長さは何mですか。

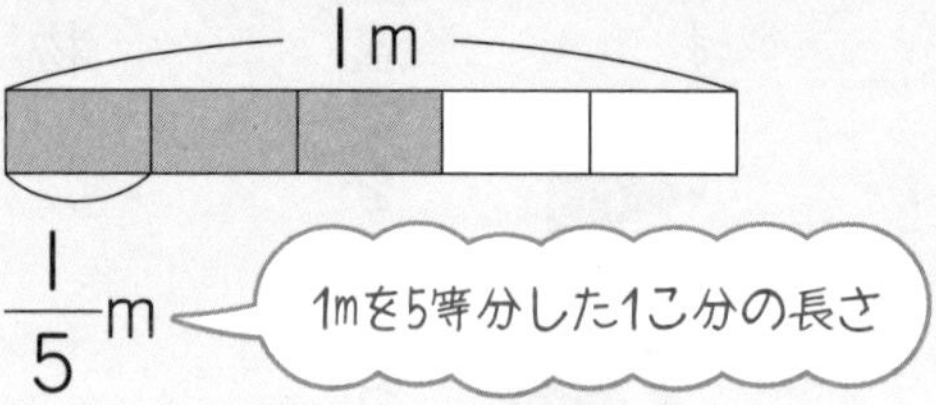

$\frac{3}{5}$ m

❷ 1mを4等分した3こ分の長さは何mですか。分数で表《あらわ》しましょう。

□ m

❸ 1mを7等分した5こ分の長さは何mですか。分数で表しましょう。

□ m

❹ $\frac{5}{3}$は、$\frac{1}{3}$を何こ集《あつ》めた数ですか。

□ こ

❺ $\frac{1}{10}$を何こ集めると1になりますか。

□ こ

□ 問《もん》正かい！まんてんになるまでおさらいしよう！

答えは126ページ

47 病院医歯急

タイムアタック 目標5分　分　秒

読もう

❶ かぜで病院へ行く。

❷ やさしいお医者《しゃ》さん。

❸ 虫歯になってしまった。

❹ きゅう急車が通る。

❺ 重《おも》い病にかかる。

❻ 急いで歯科医院に行く。

書こう

❶ けがのおう□《きゅう》しょちをする。

❷ かかりつけの□□《はい》者。

❸ □《びょう》気で入□《いん》する。

❹ 下のにゅう□《し》がぬけた。

❺ おくれないよう□《いそ》いで行く。

❻ □《やまい》は気から。

□問《もん》正かい！ まんてんになるまでおさらいしよう！

答えは126ページ

月　日

47 分数の大小

タイムアタック目標5分　分　秒

★ □にあてはまる＝や、＞、＜を書きましょう。

れいだい

❶ $\frac{5}{8}\ \boxed{<}\ \frac{7}{8}$

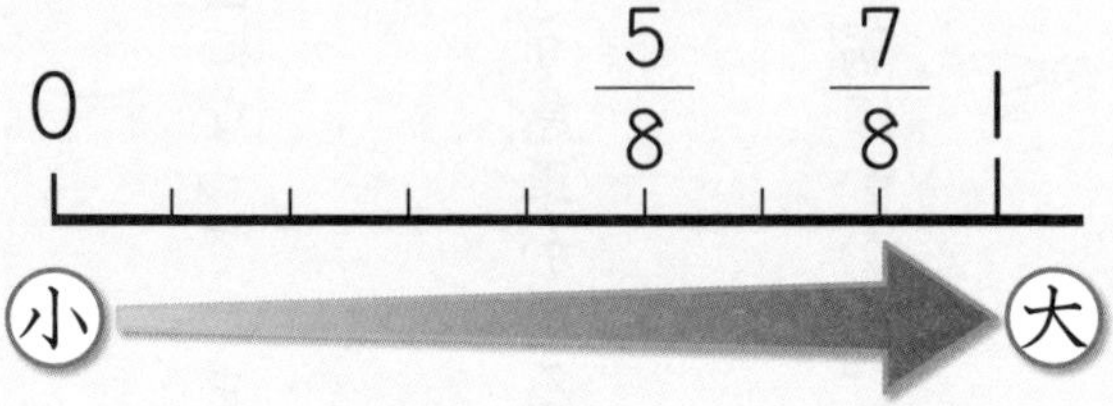

❷ $\frac{4}{5}\ \square\ \frac{3}{5}$

❸ $\frac{5}{7}\ \square\ \frac{6}{7}$

❹ $\frac{4}{3}\ \square\ \frac{3}{3}$

❺ $\frac{3}{4}\ \square\ 1$

❻ $1\ \square\ \frac{6}{5}$

❼ $\frac{5}{3}\ \square\ 2$

❽ $\frac{3}{10}\ \square\ \frac{5}{10}$

❾ $\frac{9}{10}\ \square\ 0.9$

❿ $\frac{7}{10}\ \square\ 0.8$

⓫ $1\ \square\ \frac{10}{10}$

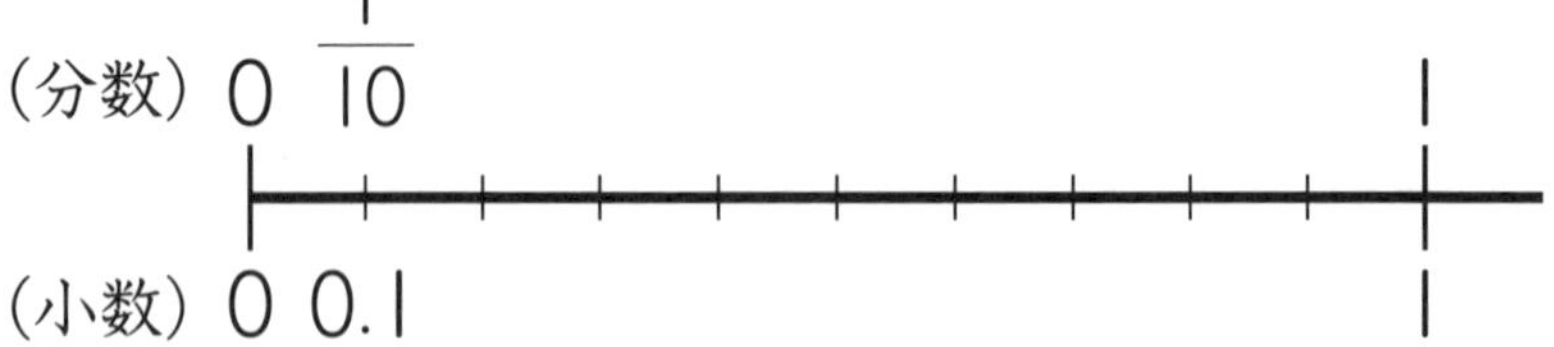

□問《もん》正かい！まん点になるまでおさらいしよう！

答えは126ページ

48 漢字のまとめ ⑦

タイムアタック 目標5分
分　秒

読もう

❶ 遠足がえん期になる。（　　）

❷ おふろに入って温まる。（　　）

❸ 和室に入る。（　　）

❹ ビーズで指わを作る。（　　）

❺ 黒板をきれいにふく。（　　）

❻ 仕組みをかい明する。（　　）

書こう

❶ □《は》を大切にする。

❷ うさぎの□《せ》話が□《し》事《ごと》だ。

❸ □《たん》さん水を飲《の》む。

❹ 今日はケーキを食べ□《ほう》題《だい》だ。

❺ □《く》分けをして□《せい》とんする。

❻ きょう力して作□《ぎょう》する。

□問《もん》正かい！ まん点になるまでおさらいしよう！

答えは126ページ

月　日

48 分数のたし算

タイムアタック 目標5分

分　秒

★ 次《つぎ》の計算をしましょう。

れいだい

❶ $\frac{2}{8}+\frac{3}{8}=$ $\boxed{\frac{5}{8}}$

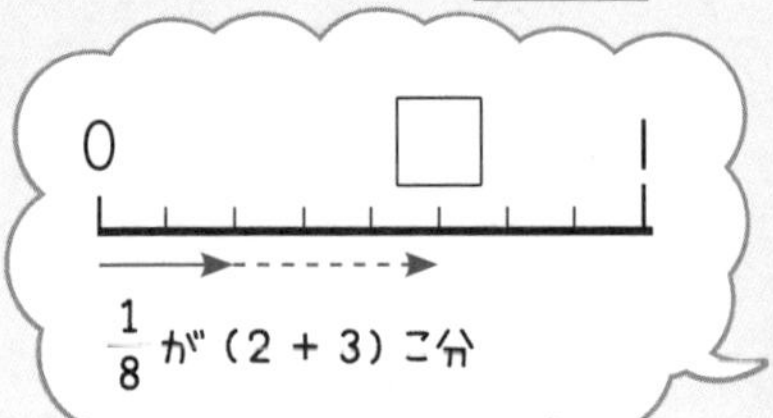

❷ $\frac{2}{6}+\frac{1}{6}=$ $\boxed{}$

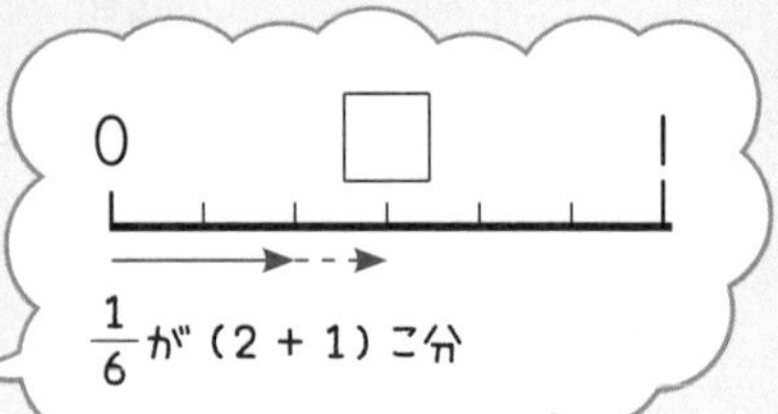

❸ $\frac{1}{5}+\frac{2}{5}=$

❹ $\frac{1}{4}+\frac{2}{4}=$

❺ $\frac{3}{6}+\frac{2}{6}=$

❻ $\frac{4}{7}+\frac{2}{7}=$

❼ $\frac{4}{8}+\frac{3}{8}=$

❽ $\frac{2}{10}+\frac{5}{10}=$

❾ $\frac{2}{3}+\frac{1}{3}=$

❿ $\frac{2}{5}+\frac{2}{5}=$

⓫ $\frac{3}{7}+\frac{2}{7}=$

⓬ $\frac{3}{10}+\frac{7}{10}=$

□ 問《もん》正かい！ まん点になるまでおさらいしよう！

答えは126ページ

49 幸福祭美箱

タイムアタック目標5分　分　秒

読もう

❶ 家族《ぞく》の幸せをねがう。

❷ 秋祭りにさんかする。

❸ ぼ金箱に五円入れる。

❹ 美しい心の持《も》ち主《ぬし》。

❺ ふ幸中の幸い。

❻ 祭日はこむ美じゅつ館《かん》。

書こう

❶ □《うつく》しいほう石□《ばこ》。

❷ □《こう》□《ふく》な人生。

❸ 家族との食事《じ》が一番の□《しあわ》せだ。

❹ ほう作をねがうお□《まつ》り。

❺ □《さいわ》いなことに雨も上がった。

❻ 秋は文化□《さい》が多い。

□問《もん》正かい！まんてんになるまでおさらいしよう！

答えは126ページ

月　日

49 分数のひき算

タイムアタック 目標5分
分　秒

★ 次《つぎ》の計算をしましょう。

れいだい

❶ $\frac{7}{8}-\frac{2}{8}=\frac{5}{8}$

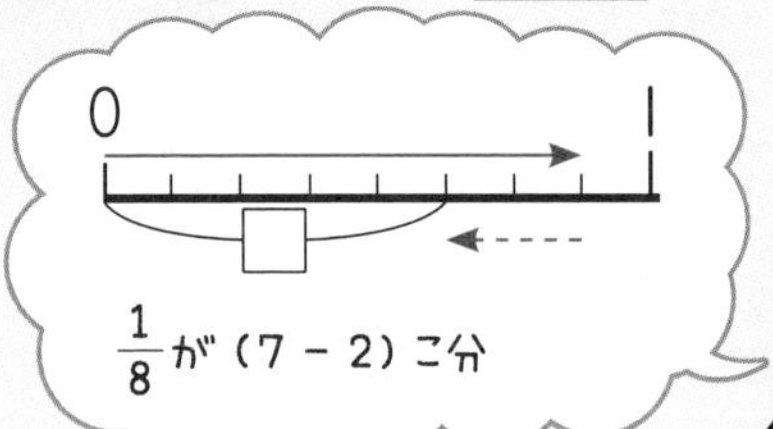

❷ $1-\frac{3}{4}=$ □

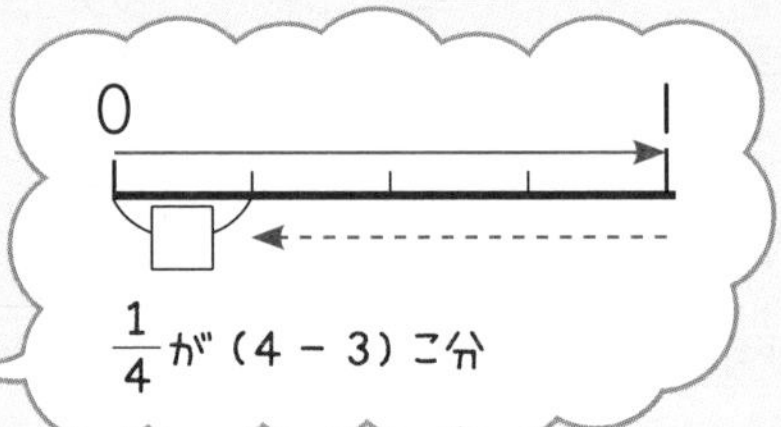

❸ $\frac{4}{5}-\frac{1}{5}=$

❹ $\frac{5}{7}-\frac{2}{7}=$

❺ $\frac{3}{4}-\frac{2}{4}=$

❻ $\frac{8}{9}-\frac{6}{9}=$

❼ $\frac{6}{8}-\frac{3}{8}=$

❽ $\frac{5}{6}-\frac{4}{6}=$

❾ $1-\frac{1}{2}=$

❿ $1-\frac{3}{5}=$

⓫ $1-\frac{4}{9}=$

⓬ $1-\frac{1}{10}=$

□問《もん》正かい！ まん点になるまでおさらいしよう！

答えは126ページ

50 坂 転 起 血 乗

タイムアタック 目標5分
分　秒

読もう

❶ 坂道で転んで血が出た。

❷ ふとんから起き上がる。

❸ 朝六時に起しょうする。

❹ バスの乗客《きゃく》と運《うん》転手。

❺ 血えきの流《なが》れ。

❻ 車に乗って出かける。

書こう

❶ 何度《ど》□《ころ》んでも□《お》き上がる。

❷ きず口を止□《けつ》する。

❸ □《じょう》馬にちょうせんしてみたい。

❹ 自□《てん》車に□《の》る。

❺ 母に朝早く□《お》こされる。

❻ 上り□《ざか》をひっ死《し》で上る。

□問《もん》正かい！ まん点になるまでおさらいしよう！

答えは127ページ

月　日

50 □を使った計算①

タイムアタック 目標 5分
分　秒

★ 次《つぎ》の問題《もんだい》に答えましょう。

れいだい

❶ さきさんは、はじめにシールを24まい持《も》っていました。姉に何まいかもらうと、全部《ぜんぶ》で32まいになりました。わからない数を□として式《しき》に表《あらわ》し、答えをもとめましょう。

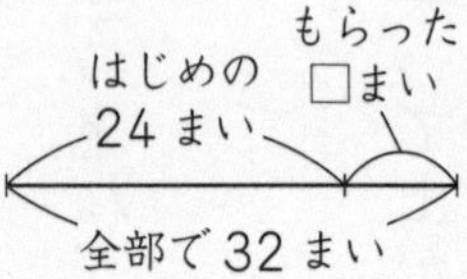

式　24＋□＝32　　答え　□　まい

はじめにあった数＋もらった数＝全部の数

❷ りくさんは、あめを何こか持っていました。弟に15こあげたので、のこりが21こになりました。わからない数を□としてひき算の式に表し、答えをもとめましょう。

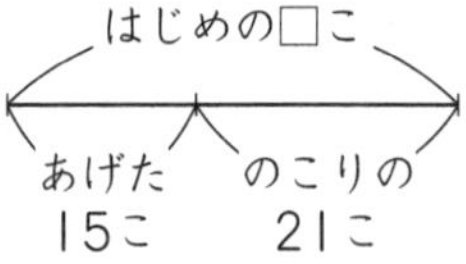

式　　答え（　　）こ

❸ みかんが何こか箱《はこ》に入っていました。20こもらったので、全部で52こになりました。わからない数を□としてたし算の式に表し、答えをもとめましょう。

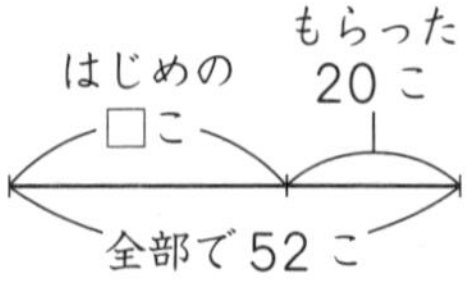

式　　答え（　　）こ

□問《もん》正かい！ まん点になるまでおさらいしよう！

答えは127ページ

51 神宮昔有庫

タイムアタック 目標5分
分　秒

読もう

❶ 神社のそう庫になら有る。（　）（　）（　）

❷ 神様《さま》におねがいする。（　）（　）

❸ 寺が所《しょ》有するぶつぞう。（　）

❹ 昔の名高い王宮を調《しら》べる。（　）（　）

❺ お宮まいりに行く。（　）

❻ おばあさんの昔話。（　）

書こう

❶ □《むかし》からつたわる□《しん》話。

❷ □《ゆう》名なお□《みや》。

❸ 外国の王様の□《きゅう》でん。

❹ お茶をれいぞう□《こ》に入れる。

❺ 体力が□《あ》りあまっている。

❻ □《かみ》がみの世界《せかい》。

□問《もん》正かい！　まん点になるまでおさらいしよう！

答えは127ページ

月　日

51 □を使った計算②

タイムアタック目標5分

分　秒

★ 次《つぎ》の問題《もんだい》に答えましょう。

れいだい

❶ みかんが36こあります。同じ数ずつふくろに入れると、4ふくろできました。1ふくろのみかんの数を□ことしてかけ算の式《しき》に表《あらわ》し、□にあてはまる数をもとめましょう。

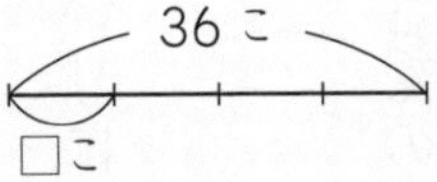

式　□ × 4 ＝36　　答え　　こ

1ふくろの数 × ふくろの数 ＝ 全部の数

❷ 24まいの色紙を、何人かで同じ数ずつ分けると、1人分は4まいになりました。分けた人数を□人としてわり算の式に表し、□にあてはまる数をもとめましょう。

式

答え（　　　）人

❸ 子どもが6人ずつ長いすにすわります。子どもはみんなで48人です。長いすの数を□きゃくとしてかけ算の式に表し、□にあてはまる数をもとめましょう。

式

答え（　　　）きゃく

□問《もん》正かい！まんてんになるまでおさらいしよう！

答えは127ページ

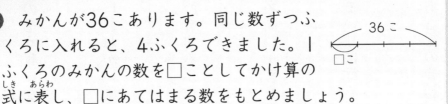

52 速 等 勝 配 拾

タイムアタック 目標5分　分　秒

読もう

1. 兄は走るのが速い。
2. この勝負《ぶ》に勝つ。
3. 上等なおかしを配る。
4. 新聞を配たつする。
5. 速度《ど》がどちらも等しい。
6. コインを拾う。

書こう

1. 思いがけない物《もの》を□《ひろ》った。
2. 気□《くば》りができる人になろう。
3. 落《お》ちこむ姉を心□《ぱい》する。
4. 見事《ごと》にぎゃく転《てん》□《しょう》りをおさめる。
5. □《そく》度を□《はや》めて追《お》いついた。
6. おやつを□《ひと》しく分ける。

□問《もん》正かい！ まん点になるまでおさらいしよう！

答えは127ページ

月　日

52 2けたの数をかけるかけ算①

タイムアタック目標5分

分　秒

★ 次《つぎ》の計算をしましょう。

れいだい

❶ 4×20＝ 80

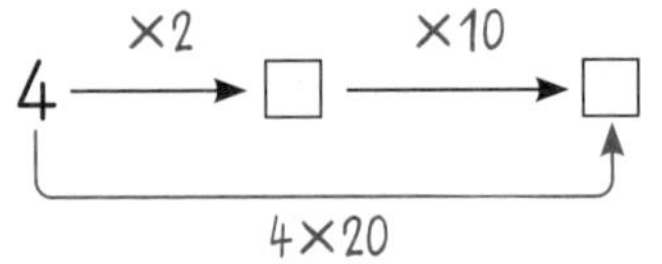

4 × 20 の答えは、4 × 2 の答えの 10 倍《ばい》

❷ 3×20＝

❸ 6×30＝

❹ 5×40＝

❺ 8×50＝

❻ 31×20＝

❼ 24×30＝

❽ 16×60＝

❾ 45×20＝

❿ 38×30＝

⓫ 20×50＝

⓬ 50×40＝

⓭ 60×50＝

⓮ 40×20＝

⓯ 70×30＝

□問《もん》正かい！まん点になるまでおさらいしよう！

答えは127ページ

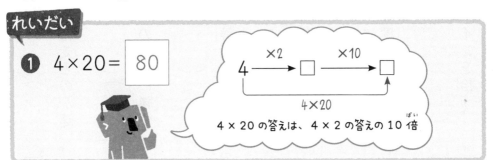

53 死守反進羊

タイムアタック 目標5分
分　秒

読もう

❶ 行進（　　）をとなりで見守る（　　）。

❷ じん地を死守（　　）する。

❸ 反（　　）対《たい》意《い》見をきく。

❹ 妹と、る守（　　）番をする。

❺ 羊（　　）毛のセーターを買う。

❻ 羊（　　）のむれが進（　　）む。

書こう

❶ □《ひつじ》の数を数える。

❷ ゴール前の□《しゅ》びをかためる。

❸ どんどん前へ□《すす》もう。

❹ □《し》者《しゃ》をとむらう。

❺ ルールを□《まも》り□《はん》そくはしない。

❻ □《しん》行方向《こう》を向《む》いてすわる。

□問《もん》正かい！　まん点になるまでおさらいしよう！

答えは127ページ

53 2けたの数をかけるかけ算②

タイムアタック目標 5分

分　秒

★ 次《つぎ》の計算をしましょう。

れいだい

❶

	2	4
×	3	2
	4	8
7	2	
7	6	8

← 24×2

← 24×30

左へ1けたずらして書く。

たし算をする。

❷

	1	8
×	2	1
	1	8
3	6	
3	7	8

❸
$$\begin{array}{r} 21 \\ \times\ 14 \\ \hline \end{array}$$

❹
$$\begin{array}{r} 15 \\ \times\ 26 \\ \hline \end{array}$$

❺
$$\begin{array}{r} 49 \\ \times\ 23 \\ \hline \end{array}$$

❻
$$\begin{array}{r} 34 \\ \times\ 68 \\ \hline \end{array}$$

❼
$$\begin{array}{r} 84 \\ \times\ 76 \\ \hline \end{array}$$

❽
$$\begin{array}{r} 67 \\ \times\ 90 \\ \hline \end{array}$$

□問《もん》正かい！まん点になるまでおさらいしよう！

答えは127ページ

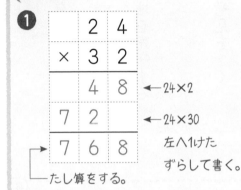

54 漢字のまとめ⑧

タイムアタック 目標5分
分　秒

読もう

❶ 坂（　）の上にある神（　）社（　）。

❷ 昔（　）からあるそう庫（　）。

❸ かっていた金魚が死（　）ぬ。

❹ 市バスに乗（　）車する。

❺ 決《けっ》勝（　）せんに進（　）む。

❻ 上体を反（　）らす。

書こう

❶ 今日一日の行いを□《はん》せいする。

❷ 後ろに気□《はい》を感《かん》じる。

❸ 車のせいげん□《そく》度《ど》を□《まも》る。

❹ かならず□《か》つ。

❺ 七□□《ふくじん》をまつる。

❻ 七□《ころ》び八□《お》き。

□ 問《もん》正かい！　まん点になるまでおさらいしよう！

答えは127ページ

月　　日

54 2けたの数をかける かけ算 ③

タイムアタック 目標5分

分　　秒

★ 次《つぎ》の計算をしましょう。

❶ $\begin{array}{r} 123 \\ \times \quad 32 \\ \hline \end{array}$

❷ $\begin{array}{r} 341 \\ \times \quad 23 \\ \hline \end{array}$

❸ $\begin{array}{r} 564 \\ \times \quad 76 \\ \hline \end{array}$

❹ $\begin{array}{r} 287 \\ \times \quad 57 \\ \hline \end{array}$

❺ $\begin{array}{r} 425 \\ \times \quad 98 \\ \hline \end{array}$

❻ $\begin{array}{r} 490 \\ \times \quad 43 \\ \hline \end{array}$

❼ $\begin{array}{r} 681 \\ \times \quad 36 \\ \hline \end{array}$

❽ $\begin{array}{r} 700 \\ \times \quad 65 \\ \hline \end{array}$

❾ $\begin{array}{r} 405 \\ \times \quad 84 \\ \hline \end{array}$

□問《もん》正かい！まん点になるまでおさらいしよう！

答えは127ページ

月　日

55 3年のまとめ ①

タイムアタック 目標5分
分　秒

読もう

❶ 平らな土地に植える。

❷ 銀の大きなお皿にもる。

❸ みかんが有名な県。

❹ 波止場に船が着く。

❺ 勝ち負けがすぐに決まる。

❻ 手帳に先の予定を書く。

書こう

❶ □《かん》天でゼリーを作る。

❷ タイは一年中□《あつ》い国です。

❸ □《び》よう□《いん》へ行く。

❹ 口□《ぶえ》をふく。

❺ お年玉で□□《ふでばこ》を買った。

❻ 明日は□□□《しゅうぎょうしき》です。

□問《もん》正かい！ まん点になるまでおさらいしよう！

答えは128ページ

月　日

55 2けたの数をかける かけ算④

タイムアタック目標5分

分　秒

★ 次《つぎ》の計算をしましょう。

❶ $$\begin{array}{r} 43 \\ \times 32 \\ \hline \end{array}$$

❷ $$\begin{array}{r} 67 \\ \times 93 \\ \hline \end{array}$$

❸ $$\begin{array}{r} 75 \\ \times 68 \\ \hline \end{array}$$

❹ $$\begin{array}{r} 214 \\ \times \quad 45 \\ \hline \end{array}$$

❺ $$\begin{array}{r} 793 \\ \times \quad 38 \\ \hline \end{array}$$

❻ $$\begin{array}{r} 598 \\ \times \quad 75 \\ \hline \end{array}$$

❼ $$\begin{array}{r} 156 \\ \times \quad 82 \\ \hline \end{array}$$

❽ $$\begin{array}{r} 900 \\ \times \quad 56 \\ \hline \end{array}$$

❾ $$\begin{array}{r} 608 \\ \times \quad 50 \\ \hline \end{array}$$

□問《もん》正かい！まんてんになるまでおさらいしよう！

答えは128ページ

月　日

56 3年のまとめ ②

タイムアタック 目標 5分
分　秒

読もう

❶ 自由に見学できる。

❷ きかいの研究が進む。

❸ チューリップの球根。

❹ 家族全員で出かける。

❺ 駅までむかえに行く。

❻ 和食と洋食。

書こう

❶ □□《はなぢ》が出る。

❷ □《しん》海にすむ魚。

❸ □□□《ほうそうきょく》へ見学に行く。

❹ 三角形の角□《ど》をはかる。

❺ 体□《ちょう》を□《ととの》える。

❻ ようち園のお□《ゆう》ぎ会。

□ 問《もん》正かい！ まんで点になるまでおさらいしよう！

答えは 128ページ

月　日

56 暗　算

タイムアタック目標5分
分　秒

★ 暗算《あんざん》でしましょう。

れいだい

❶ 24×3= 72

20×3= □

4×3= □

あわせて □

❷ 32×3=

❸ 23×4=

❹ 2×43=

❺ 6×25=

❻ 120×3=

❼ 310×2=

❽ 210×4=

❾ 230×3=

❿ 42×20=

⓫ 16×30=

⓬ 18×50=

⓭ 25×40=

□問《もん》 正かい！ まん点になるまでおさらいしよう！

答えは128ページ

月　日

57 3年のまとめ ③

タイムアタック 目標 5分
分　秒

読もう

❶ 港でたくさん荷物をつむ。

❷ 動物を家でし育する。

❸ 詩集を本にして発表する。

❹ 急速な町のへん化。

❺ 安い古びた宿にとまる。

❻ はり金を曲げる。

書こう

❶ □《ごう》れいをかける。

❷ □《だい》一だん□《らく》の内よう。

❸ □《たい》せん□《あい》手。

❹ 大きな川が□《なが》れる。

❺ □《じゅ》話きを□《と》る。

❻ □《いのち》を□《たす》ける。

□問《もん》 正かい！ まん点になるまでおさらいしよう！

答えは128ページ

月　日

57 重さ

タイムアタック 目標5分
分　秒

★ □にあてはまる数を書きましょう。

れいだい

❶ 1kg200g＝ 1200 g

1000gと200gをあわせた重さ

1kg = 1000g
1t = 1000kg

❷ 1kg500g＝□g

❸ 3kg＝□g

❹ 2kg40g＝□g

❺ 5800g＝□kg□g

❻ 7kg9g＝□g

❼ 2t＝□kg

❽ 1kgは1gの□こ分の重《おも》さです。

❾ 1tは1kgの□こ分の重さです。

□問《もん》 正かい！ まん点になるまでおさらいしよう！

答えは
128ページ

58 3年のまとめ④

タイムアタック目標5分　分　秒

読もう

1. 薬箱をなんとか開ける。
2. 童ようを作曲する。
3. 悪役をえんじる。
4. 橋の上の道の両がわ。
5. 待ち合わせの場所。
6. ねっ湯に注意する。

書こう

1. あん内□《がかり》になる。
2. □《にわ》をそうじする。
3. □《かる》い□□《うんどう》をする。
4. □《くら》い室内。
5. みん□《ぞく》はく□□《ぶつかん》。
6. □《べん》学にはげむ。

□問《もん》正かい！　まん点になるまでおさらいしよう！

答えは128ページ

58 重さの計算

タイムアタック目標5分
分　秒

★ 次《つぎ》の計算をしましょう。

れいだい

❶ 600g＋700g＝ 1300 g＝ 1 kg 300 g

1000gをこえたら、kgへくり上げる。

❷ 350g＋450g＝□g

❸ 1kg200g＋3kg400g＝□kg□g

❹ 1kg300g＋800g＝□kg□g

❺ 1600kg＋1400kg＝□kg＝□t

❻ 1400g－500g＝□g

❼ 3kg600g－1kg400g＝□kg□g

❽ 1kg－200g＝□g

❾ 5kg－1kg600g＝□kg□g

□問《もん》 正かい！ まんで点になるまでおさらいしよう！

答えは128ページ

59　3年のまとめ⑤

タイムアタック目標5分
分　秒

読もう

❶ かれは陽気（　　）な人だ。

❷ 皮（　　）ふがかんそうする。

❸ 酒屋（　　）が毎日配（　　）たつに来る。

❹ 庫（　　）内の温度（　　）を上げる。

❺ 柱（　　）時計が鳴る。

❻ 中央（　　）の階（　　）だんを下りる。

書こう

❶ □□《しょうひん》をつみ上げる。

❷ □《よこ》顔の□□《しゃしん》。

❸ □《み》をしゅうかくする。

❹ けん道□《ぶ》に入る。

❺ さか上がりの□□《れんしゅう》をする。

❻ 文□《しょう》を読む。

□問《もん》正かい！　まん点になるまでおさらいしよう！

答えは128ページ

59 計算のまとめ③ 重さ

タイムアタック目標5分
分　秒

★ 次《つぎ》の計算をしましょう。

❶ 450g＋900g＝□kg□g

❷ 1kg20g＋1kg300g＝□kg□g

❸ 1kg500g＋750g＝□kg□g

❹ 1kg300g＋1kg800g＝□kg□g

❺ 1900kg＋2100kg＝□kg＝□t

❻ 600g－250g＝□g

❼ 1kg50g－300g＝□g

❽ 2kg600g－1kg100g＝□kg□g

❾ 2700kg－1900kg＝□kg

❿ 1t－150kg＝□kg

□問《もん》正かい！まんてんになるまでおさらいしよう！

答えは128ページ

答え

1 **漢字** 読み ①はね、ひろ ②まん、かぞ ③じょう、うし、な ④た、うま ⑤こめ、にく、か ⑥のはら、はし

書き ①色紙 ②親 ③池、魚 ④首、長 ⑤黒 ⑥少、元

計算 ① $\begin{array}{r} 32 \\ +54 \\ \hline 86 \end{array}$ ② $\begin{array}{r} 13 \\ +84 \\ \hline 97 \end{array}$

③ $\begin{array}{r} 48 \\ +50 \\ \hline 98 \end{array}$ ④ $\begin{array}{r} 64 \\ +\ 2 \\ \hline 66 \end{array}$ ⑤ $\begin{array}{r} 3 \\ +75 \\ \hline 78 \end{array}$

⑥ $\begin{array}{r} 80 \\ +\ 9 \\ \hline 89 \end{array}$ ⑦ $\begin{array}{r} 316 \\ +\ 21 \\ \hline 337 \end{array}$ ⑧ $\begin{array}{r} 405 \\ +\ 72 \\ \hline 477 \end{array}$

⑨ $\begin{array}{r} 570 \\ +\ 28 \\ \hline 598 \end{array}$ ⑩ $\begin{array}{r} 14 \\ +583 \\ \hline 597 \end{array}$ ⑪ $\begin{array}{r} 60 \\ +901 \\ \hline 961 \end{array}$

⑫ $\begin{array}{r} 3 \\ +610 \\ \hline 613 \end{array}$

2 **漢字** 読み ①ふゆ、いわ ②とお、うみ ③たい、にし ④ほし、ひか ⑤ゆき、おお、ちほう ⑥ちち、こうさく

書き ①谷、春 ②秋晴 ③当 ④雲 ⑤北風 ⑥東京

計算 ① $\begin{array}{r} 67 \\ -42 \\ \hline 25 \end{array}$ ② $\begin{array}{r} 98 \\ -74 \\ \hline 24 \end{array}$

③ $\begin{array}{r} 85 \\ -30 \\ \hline 55 \end{array}$ ④ $\begin{array}{r} 73 \\ -53 \\ \hline 20 \end{array}$ ⑤ $\begin{array}{r} 96 \\ -94 \\ \hline 2 \end{array}$

⑥ $\begin{array}{r} 57 \\ -\ 4 \\ \hline 53 \end{array}$ ⑦ $\begin{array}{r} 469 \\ -\ 28 \\ \hline 441 \end{array}$ ⑧ $\begin{array}{r} 129 \\ -\ 16 \\ \hline 113 \end{array}$

⑨ $\begin{array}{r} 678 \\ -\ 67 \\ \hline 611 \end{array}$ ⑩ $\begin{array}{r} 369 \\ -\ 60 \\ \hline 309 \end{array}$ ⑪ $\begin{array}{r} 927 \\ -\ 3 \\ \hline 924 \end{array}$

⑫ $\begin{array}{r} 873 \\ -\ 73 \\ \hline 800 \end{array}$

3 **漢字** 読み ①しゃかい、い ②ご、きょう ③ちょっかく ④としょ ⑤まい、き ⑥ち、まる

書き ①教室 ②計算 ③理科 ④番 ⑤同点 ⑥活

計算 ① $\begin{array}{r} 23 \\ +18 \\ \hline 41 \end{array}$ ② $\begin{array}{r} 65 \\ +29 \\ \hline 94 \end{array}$

③ $\begin{array}{r} 18 \\ +42 \\ \hline 60 \end{array}$ ④ $\begin{array}{r} 34 \\ +\ 7 \\ \hline 41 \end{array}$ ⑤ $\begin{array}{r} 9 \\ +86 \\ \hline 95 \end{array}$

⑥ $\begin{array}{r} 57 \\ +56 \\ \hline 113 \end{array}$ ⑦ $\begin{array}{r} 33 \\ +69 \\ \hline 102 \end{array}$ ⑧ $\begin{array}{r} 14 \\ +86 \\ \hline 100 \end{array}$

⑨ $\begin{array}{r} 6 \\ +98 \\ \hline 104 \end{array}$ ⑩ $\begin{array}{r} 278 \\ +\ 15 \\ \hline 293 \end{array}$ ⑪ $\begin{array}{r} 9 \\ +872 \\ \hline 881 \end{array}$

⑫ $\begin{array}{r} 105 \\ +\ 35 \\ \hline 140 \end{array}$

4 **漢字** 読み ①からだ、せつ ②かお、なんかい ③いま、じかん ④よ、あ ⑤うたごえ、き ⑥てんとう、う

書き ①公園　②毛　③弓矢　④画家
⑤読　⑥半分

計算 ① $\begin{array}{r} 32 \\ -15 \\ \hline 17 \end{array}$　② $\begin{array}{r} 74 \\ -36 \\ \hline 38 \end{array}$

③ $\begin{array}{r} 86 \\ -59 \\ \hline 27 \end{array}$　④ $\begin{array}{r} 97 \\ -28 \\ \hline 69 \end{array}$　⑤ $\begin{array}{r} 70 \\ -\ \ 7 \\ \hline 63 \end{array}$

⑥ $\begin{array}{r} 46 \\ -37 \\ \hline 9 \end{array}$　⑦ $\begin{array}{r} 127 \\ -\ \ 98 \\ \hline 29 \end{array}$　⑧ $\begin{array}{r} 140 \\ -\ \ 56 \\ \hline 84 \end{array}$

⑨ $\begin{array}{r} 107 \\ -\ \ 59 \\ \hline 48 \end{array}$　⑩ $\begin{array}{r} 101 \\ -\ \ \ \ 9 \\ \hline 92 \end{array}$　⑪ $\begin{array}{r} 952 \\ -\ \ 27 \\ \hline 925 \end{array}$

⑫ $\begin{array}{r} 312 \\ -\ \ \ \ 3 \\ \hline 309 \end{array}$

5

漢字 読み ①でん、とお　②はは、り、かえ　③ふる、てら　④がいこく、い　⑤とり、たか　⑥よう、ごご
書き ①兄弟　②歩道　③汽
④新、線　⑤船　⑥知、合
計算 ①16　②45　③21
④24　⑤48　⑥63　⑦24
⑧28　⑨32　⑩56　⑪6
⑫54　⑬49　⑭81

6

漢字 読み ①ちか、とも
②いえ、まえ　③あね、さい
④いもうと、よわ　⑤おも、い
⑥じぶん、かんが
書き ①朝、用　②麦、絵　③交
④来週　⑤市場　⑥茶
計算 ①10　②2　③38
④107　⑤3、5　⑥7、6
⑦1000　⑧100　⑨3、2
⑩3、5

7

漢字 読み ①くすり
②しょうひん、しな　③やくひん
④きょく　⑤まった　⑥ぜん
書き ①局　②全　③商、品　④品
⑤薬局、薬　⑥全
計算 ①4×5+4=24　②5×4
③6×6+6=42　④5×8+5=45
⑤7×5−7=28　⑥8×8−8=56
⑦3×9　⑧8×7

8

漢字 読み ①どうぶつ、うご
②いく　③もの、そだ　④み、ぶ
⑤もつ　⑥じつ、みの
書き ①動、物　②動　③育、実
④育　⑤物、部　⑥実
計算 ①㋐20、㋑2、㋒8、㋓28
②㋐30、㋑3、㋒18、㋓48
③㋐5、㋑40、㋒32、㋓72
④㋐35、㋑4、㋒28、㋓63
⑤㋐18、㋑4、㋒24、㋓42

9

漢字 読み ①みずうみ、しま
②こ　③ま　④とう、ゆう　⑤うつ
⑥しん、しゃ
書き ①湖　②島　③写真、写　④島
⑤由　⑥真
計算 ①0　②30　③30　④0
⑤0　⑥0　⑦0　⑧20　⑨50
⑩90　⑪10　⑫40　⑬70
⑭90　⑮100

10

漢字 読み ①きみ、きゅう
②たま、な　③くん、とうきゅう
④だ　⑤う　⑥びょう

書き ①投、打 ②球、投 ③打 ④君、球 ⑤君 ⑥秒

計算 ①3 ②2 ③3 ④4 ⑤7 ⑥9 ⑦6 ⑧5 ⑨7 ⑩9 ⑪8 ⑫7 ⑬9 ⑭7

11 **漢字** 読み ①つぎ、ね ②なら ③れん、ごう ④じ、しゅう ⑤れつ ⑥つ

書き ①習 ②列、次 ③次 ④練習 ⑤号 ⑥次

計算 ①2 ②6 ③3 ④4 ⑤6 ⑥3 ⑦9 ⑧2 ⑨6 ⑩8 ⑪4 ⑫3 ⑬6 ⑭9 ⑮4 ⑯9

12 **漢字** 読み ①きゅう ②ごう、うご ③しま、しゃしん ④ゆ ⑤な ⑥しなもの

書き ①列島 ②秒 ③湖、練 ④実 ⑤育 ⑥次、君

計算 ①0 ②0 ③0 ④3 ⑤5 ⑥9 ⑦7 ⑧1 ⑨1 ⑩1 ⑪1 ⑫1 ⑬1

13 **漢字** 読み ①けんきゅうじょ ②ととの ③さら ④ちょう ⑤ところ ⑥しょ、しら

書き ①研 ②調 ③所、調 ④研究 ⑤皿 ⑥所、調

計算 ①13 ②14 ③10 ④20 ⑤10 ⑥20 ⑦23 ⑧21 ⑨32 ⑩11 ⑪24 ⑫11 ⑬33 ⑭22

14 **漢字** 読み ①はつ ②ひょう、あらわ ③もんだい ④おもて ⑤ちょう ⑥と

書き ①発表 ②問 ③表、題 ④表 ⑤問 ⑥丁

計算 ①1200 ②1400 ③1100 ④1200 ⑤1400 ⑥1200 ⑦1100 ⑧1600 ⑨1800 ⑩1100 ⑪1500 ⑫1100 ⑬1400 ⑭1200

15 **漢字** 読み ①かい、れい ②しき、とう ③ぎん ④あ ⑤ひら ⑥と、のぼ

書き ①開、式 ②登 ③礼、登 ④開 ⑤開 ⑥銀

計算 ①800 ②600 ③800 ④900 ⑤700 ⑥900 ⑦800 ⑧900 ⑨800 ⑩900 ⑪1000 ⑫800 ⑬1000 ⑭600

16 **漢字** 読み ①よう、ようふく ②ふく、き ③たん、ちゃく ④さま ⑤みじか ⑥つ

書き ①洋 ②着 ③洋服、着 ④短、様 ⑤様 ⑥短

計算 ①619 ②496 ③979 ④935 ⑤574 ⑥793 ⑦780 ⑧312 ⑨910 ⑩437 ⑪807 ⑫1367 ⑬1078

17 **漢字** 読み ①かん、いみ ②ふで、も ③ひつ ④じ ⑤あじ ⑥み

書き ①味 ②漢 ③持、味 ④漢、筆 ⑤意、筆 ⑥持

計算 ①424 ②653 ③822 ④912 ⑤701 ⑥503 ⑦300

⑧700　⑨1555　⑩1147
⑪1251　⑫1050　⑬1321
⑭1207　⑮1000　⑯1003

18 **漢字** 読み ①ぎん　②かい
③よう　④とん　⑤じ　⑥だい
書き ①様、意味、持　②短　③調味
④表　⑤所　⑥礼
計算 ①3794　②8591
③7930　④6904　⑤9006
⑥8110　⑦7000　⑧6000
⑨9000　⑩7021　⑪9004
⑫5000

19 **漢字** 読み ①し　②あつ　③しょう
④りょう、ま　⑤しゅう　⑥きょく
書き ①集、曲　②章、集　③曲
④詩、曲　⑤集　⑥両
計算 ①231　②225　③171
④420　⑤100　⑥128　⑦219
⑧218　⑨102　⑩184　⑪141
⑫772　⑬12

20 **漢字** 読み ①たい　②きし、なが
③りゅう　④がん、なみ　⑤ゆ　⑥とう
書き ①湯、湯　②流　③流　④波
⑤対岸　⑥岸
計算 ①189　②372　③89
④35　⑤494　⑥99　⑦294
⑧81　⑨138　⑩473　⑪146
⑫632　⑬276　⑭593　⑮796
⑯697

21 **漢字** 読み ①わる、よそう　②さ
③てい、さだ　④じょう　⑤あく
⑥きょ
書き ①悪　②予定　③悪　④去
⑤想、去　⑥定
計算 ①4444　②2103
③207　④1091　⑤268
⑥929　⑦620　⑧475　⑨951
⑩1939　⑪21　⑫8895

22 **漢字** 読み ①にわ、は、お　②てい、
よう　③めん、お　④ろ　⑤らく　⑥じ
書き ①落葉　②庭　③葉、面　④庭
⑤落　⑥路
計算 ①10時15分　②4時5分
③3時45分　④1時間30分
⑤4時間50分　⑥60　⑦80
⑧1、50　⑨120

23 **漢字** 読み ①どう　②かん、たい
③かかり、つ　④へい、みやこ　⑤と
⑥びょう、けい
書き ①童館　②係　③平　④都、係
⑤平　⑥都
計算 ①11時15分　②5時40分
③4時間30分　④13時間15分
⑤1、20　⑥90　⑦140
⑧1、45　⑨85　⑩130

24 **漢字** 読み ①らく　②ば、かか
③よてい、さだ　④ひら　⑤こ　⑥は
書き ①悪　②都　③係　④館、葉
⑤集　⑥予想
計算 ①3あまり2　②5あまり1
③4あまり2　④8あまり1
⑤2あまり3　⑥5あまり4
⑦7あまり2　⑧6あまり6
⑨8あまり7　⑩7あまり4
⑪6あまり2　⑫8あまり2

⑬7あまり4　⑭6あまり2
⑮2あまり5

25 漢字 読み ①しゅ、やく
②じゅう、ちゅう　③ちょう、あぶら
④おも、かさ　⑤ぬし　⑥ゆ
書き ①油　②注　③油、重　④重
⑤主役　⑥重
計算 ①6あまり2、4×6+2=26
②7あまり2、5×7+2=37
③4あまり3、6×4+3=27
④6あまり4、8×6+4=52
⑤8あまり2、4×8+2=34
⑥2あまり6、7×2+6=20

26 漢字 読み ①へんじ、かえ
②お、く　③こと、もう　④くる
⑤ふ　⑥ま、にが
書き ①苦　②事、返　③返
④負、負　⑤申、事　⑥苦
計算 ①6あまり2　②3あまり5
③4あまり2　④8あまり2
⑤3あまり7　⑥7あまり3
⑦6あまり1　⑧4あまり3
⑨7あまり5　⑩5あまり2
⑪6あまり5　⑫9あまり2
⑬7あまり4　⑭5あまり8
⑮8あまり5　⑯6あまり5

27 漢字 読み ①そう　②しゃ、だん
③あい　④そう、だい　⑤べん　⑥もの
書き ①者　②者、相談　③者　④勉
⑤相　⑥第、者
計算 ①21596　②58347
③37000　④100万　⑤1億《おく》
⑥402万　⑦530000

28 漢字 読み ①しゅ、さか　②こん
③か、む　④だい　⑤ね、こう
⑥や、さけ
書き ①酒屋、代　②向　③根　④代
⑤屋根　⑥酒
計算 ①23000　②6000万
③1億《おく》　④178万　⑤200万
⑥212万　⑦<　⑧<　⑨>　⑩<

29 漢字 読み ①みなと　②に、う
③じゅ　④ばい　⑤ちょう　⑥こう
書き ①港、荷　②帳　③倍
④港、荷　⑤受　⑥倍、受
計算 ①15000　②14000
③100000　④120000
⑤290000　⑥50万　⑦20万
⑧42万　⑨100万

30 漢字 読み ①おも　②そそ
③あぶら　④おく　⑤よ　⑥たい
書き ①倍　②港　③返事　④重
⑤者　⑥相談
計算 ①9000　②8000
③6000　④310000　⑤60000
⑥7万　⑦15万　⑧100万　⑨90万

31 漢字 読み ①おう　②えき、ま
③かい　④ちゅう　⑤えき、たい
⑥はしら
書き ①央、柱　②階、駅　③駅、待
④待　⑤柱　⑥待
計算 ①460　②300　③720
④2500　⑤4600　⑥85000
⑦630000　⑧46　⑨3　⑩54
⑪80　⑫100　⑬605　⑭900

32 **漢字** 読み ①てつ ②はし
③おう、きょう ④きゃく、きゃく
⑤じゅう、よこ ⑥す
書き ①鉄橋 ②住、住 ③橋 ④横
⑤横 ⑥客

計算 ①60 ②80 ③120
④240 ⑤300 ⑥400 ⑦630
⑧600 ⑨800 ⑩1800
⑪6300 ⑫1000 ⑬2000
⑭4800

33 **漢字** 読み ①ゆう ②ぐ、はこ
③つか、あそ ④あん ⑤うん、し
⑥やす
書き ①使 ②安、運 ③安 ④運
⑤遊具、遊 ⑥使

計算
① $\begin{array}{r} 14 \\ \times\ 3 \\ \hline 42 \end{array}$ ② $\begin{array}{r} 12 \\ \times\ 3 \\ \hline 36 \end{array}$

③ $\begin{array}{r} 23 \\ \times\ 2 \\ \hline 46 \end{array}$ ④ $\begin{array}{r} 30 \\ \times\ 3 \\ \hline 90 \end{array}$ ⑤ $\begin{array}{r} 12 \\ \times\ 8 \\ \hline 96 \end{array}$

⑥ $\begin{array}{r} 16 \\ \times\ 5 \\ \hline 80 \end{array}$ ⑦ $\begin{array}{r} 43 \\ \times\ 3 \\ \hline 129 \end{array}$ ⑧ $\begin{array}{r} 60 \\ \times\ 8 \\ \hline 480 \end{array}$

⑨ $\begin{array}{r} 15 \\ \times\ 7 \\ \hline 105 \end{array}$ ⑩ $\begin{array}{r} 48 \\ \times\ 9 \\ \hline 432 \end{array}$ ⑪ $\begin{array}{r} 64 \\ \times\ 5 \\ \hline 320 \end{array}$

⑫ $\begin{array}{r} 25 \\ \times\ 4 \\ \hline 100 \end{array}$ ⑬ $\begin{array}{r} 34 \\ \times\ 6 \\ \hline 204 \end{array}$

34 **漢字** 読み ①りょ、しゅく
②たび ③ぞく ④やど ⑤よう
⑥しゅう、りょ
書き ①族旅 ②宿 ③州、旅 ④宿
⑤陽 ⑥宿

計算
① $\begin{array}{r} 438 \\ \times\ 3 \\ \hline 1314 \end{array}$ ② $\begin{array}{r} 213 \\ \times\ 2 \\ \hline 426 \end{array}$

③ $\begin{array}{r} 321 \\ \times\ 4 \\ \hline 1284 \end{array}$ ④ $\begin{array}{r} 420 \\ \times\ 5 \\ \hline 2100 \end{array}$ ⑤ $\begin{array}{r} 367 \\ \times\ 2 \\ \hline 734 \end{array}$

⑥ $\begin{array}{r} 659 \\ \times\ 6 \\ \hline 3954 \end{array}$ ⑦ $\begin{array}{r} 794 \\ \times\ 7 \\ \hline 5558 \end{array}$ ⑧ $\begin{array}{r} 356 \\ \times\ 9 \\ \hline 3204 \end{array}$

⑨ $\begin{array}{r} 875 \\ \times\ 8 \\ \hline 7000 \end{array}$ ⑩ $\begin{array}{r} 804 \\ \times\ 5 \\ \hline 4020 \end{array}$

35 **漢字** 読み ①ず、とう
②しょく、みどり ③まめ、かわ
④はたけ、う ⑤はた ⑥りょく
書き ①植、植 ②豆 ③緑 ④畑
⑤緑、豆 ⑥皮

計算
① $\begin{array}{r} 21 \\ \times\ 4 \\ \hline 84 \end{array}$ ② $\begin{array}{r} 47 \\ \times\ 3 \\ \hline 141 \end{array}$

③ $\begin{array}{r} 28 \\ \times\ 5 \\ \hline 140 \end{array}$ ④ $\begin{array}{r} 90 \\ \times\ 6 \\ \hline 540 \end{array}$ ⑤ $\begin{array}{r} 78 \\ \times\ 9 \\ \hline 702 \end{array}$

⑥ $\begin{array}{r} 75 \\ \times\ 4 \\ \hline 300 \end{array}$ ⑦ $\begin{array}{r} 143 \\ \times\ 2 \\ \hline 286 \end{array}$ ⑧ $\begin{array}{r} 326 \\ \times\ 3 \\ \hline 978 \end{array}$

⑨ $\begin{array}{r} 538 \\ \times\ 7 \\ \hline 3766 \end{array}$ ⑩ $\begin{array}{r} 672 \\ \times\ 3 \\ \hline 2016 \end{array}$ ⑪ $\begin{array}{r} 625 \\ \times\ 8 \\ \hline 5000 \end{array}$

⑫ $\begin{array}{r} 208 \\ \times\ 5 \\ \hline 1040 \end{array}$

35 **漢字** 読み ①はたけ ②ひ
③みどり、ぐ ④まめ ⑤す ⑥たび
書き ①安、具、使 ②宿 ③運、鉄
④階 ⑤皮 ⑥横

計算 ① $67 \times (5 \times 2) = 670$
② $34 \times (5 \times 2) = 340$

③ 45×(2×5)=450
④ 80×(5×2)=800
⑤ 40×(4×2)=320
⑥ 60×(3×3)=540
⑦ 700×(5×2)=7000
⑧ 900×(2×2)=3600
⑨ 596×(2×5)=5960

37 漢字 読み ①えい ②ふか、およ
③そく ④はな、いき ⑤つい
⑥しん、お
書き ①深 ②息 ③泳、鼻
④深、泳 ⑤息 ⑥追
計算 ① 1300 ② 1500
③ 2000 ④ 3070 ⑤ 5
⑥ 3、200 ⑦ 1、80
⑧ 10 ⑨ 100

38 漢字 読み ①いいん、き ②けつ
③てき ④きゅう ⑤ふえ ⑥きゅう
書き ①決 ②員 ③委員、決 ④笛
⑤級、決 ⑥笛
計算 ① 1200m−500m=700m
② 1km400m ③ 3km800m
④ 2km ⑤ 1km500m
⑥ 1km700m ⑦ 2km200m
⑧ 4km

39 漢字 読み ①あつ、かん ②しん
③しょ ④ひょう ⑤さむ、こおり
⑥かん、み
書き ①暑、氷 ②感 ③暑 ④身
⑤氷、寒 ⑥身
計算 ①1km200m ②1km250m
③ 1km500m ④ 2km450m
⑤ 2km200m ⑥ 600m
⑦ 1km100m ⑧ 600m
⑨ 200m ⑩ 1km600m

40 漢字 読み ①しょうか ②の、しゅ
③け ④ば、き ⑤いん、と ⑥た
書き ①飲、飲 ②取、消 ③化
④化 ⑤取 ⑥他
計算 ① 0.5 ② 0.7 ③ 2.3
④ 16.5 ⑤ 2 ⑥ 4、8
⑦ 2.5 ⑧ 0.4 ⑨ 0.6 ⑩ 1.8
⑪ 9 ⑫ 2.5 ⑬ 3、2
⑭ 280

41 漢字 読み ①いのち、たす
②かる ③ひ ④かな ⑤くら、めい
⑥じょ、けい
書き ①助 ②命、軽 ③暗、悲
④命 ⑤助 ⑥軽
計算 ① 1.3 ② 0.5 ③ 1.1
④ 2.2 ⑤ 2.9 ⑥ 5 ⑦ < ⑧ >
⑨ > ⑩ >

42 漢字 読み ①およ ②かな
③そく ④あん ⑤み、と ⑥き
書き ①氷、飲 ②感 ③軽 ④委員
⑤消、消 ⑥化
計算 ① 0.9 ② 2.1 ③ 0.7
④ 0.9 ⑤ 1 ⑥ 1 ⑦ 1.4 ⑧ 1.8
⑨ 1.9 ⑩ 1.7 ⑪ 1.6 ⑫ 2.9
⑬ 2 ⑭ 3.1 ⑮ 3.2 ⑯ 3

43 漢字 読み ①ほうそう
②しょうわ ③しゅう ④おく ⑤お
⑥はな
書き ①終 ②放、終 ③放 ④和
⑤送、送 ⑥昭和

計算 ①6.8　②5.7　③8.2
④9　⑤9.4

⑥ $\begin{array}{r} 1.7 \\ +\ 1.8 \\ \hline 3.5 \end{array}$　⑦ $\begin{array}{r} 6.4 \\ +\ 2.9 \\ \hline 9.3 \end{array}$　⑧ $\begin{array}{r} 1.3 \\ +\ 2.7 \\ \hline 4.\cancel{0} \end{array}$

⑨ $\begin{array}{r} 5.8 \\ +\ 4.6 \\ \hline 10.4 \end{array}$　⑩ $\begin{array}{r} 8 \\ +\ 3.2 \\ \hline 11.2 \end{array}$

⑪ $\begin{array}{r} 4.9 \\ +\ 12.1 \\ \hline 17.\cancel{0} \end{array}$

44

漢字 読み ①く　②けん、ざ
③し、ゆび　④かい　⑤せい、よ　⑥せ
書き ①県、指　②界　③世界　④区
⑤指　⑥世、指

計算 ①0.7　②0.9　③0.5
④0.1　⑤0.2　⑥0.6　⑦0.9
⑧0.8　⑨1.5　⑩2.7　⑪0.7
⑫0.4　⑬1　⑭2　⑮1.8　⑯0.4

45

漢字 読み ①のうぎょう　②し
③き　④つか　⑤し　⑥き、はじ
書き ①農　②期　③仕、始　④始
⑤始業　⑥仕

計算 ①3.2　②1.2　③1.3
④4.4　⑤3

⑥ $\begin{array}{r} 6.3 \\ -\ 4.7 \\ \hline 1.6 \end{array}$　⑦ $\begin{array}{r} 7.1 \\ -\ 6.8 \\ \hline 0.3 \end{array}$　⑧ $\begin{array}{r} 9 \\ -\ 5.2 \\ \hline 3.8 \end{array}$

⑨ $\begin{array}{r} 13.4 \\ -\ 7.5 \\ \hline 5.9 \end{array}$　⑩ $\begin{array}{r} 10.3 \\ -\ 9.4 \\ \hline 0.9 \end{array}$

⑪ $\begin{array}{r} 13.3 \\ -\ 1.3 \\ \hline 12.\cancel{0} \end{array}$

46

漢字 読み ①あたた
②ぱん、おんど　③すみ　④ととの
⑤たん、いた　⑥せい、せい
書き ①度、温　②板　③整　④温度
⑤整　⑥炭

計算 ① $\frac{3}{5}$m　② $\frac{3}{4}$m　③ $\frac{5}{7}$m
④5こ　⑤10こ

47

漢字 読み ①びょういん　②い
③ば　④きゅう　⑤やまい
⑥いそ、し、いいん
書き ①急　②歯医　③病、院　④歯
⑤急　⑥病

計算 ① $<$　② $>$　③ $<$　④ $>$
⑤ $<$　⑥ $<$　⑦ $<$　⑧ $<$　⑨ $=$
⑩ $<$　⑪ $=$

48

漢字 読み ①き　②あたた　③わ
④ゆび　⑤ばん　⑥し
書き ①歯　②世、仕　③炭　④放
⑤区、整　⑥業

計算 ① $\frac{5}{8}$　② $\frac{3}{6}$　③ $\frac{3}{5}$　④ $\frac{3}{4}$
⑤ $\frac{5}{6}$　⑥ $\frac{6}{7}$　⑦ $\frac{7}{8}$　⑧ $\frac{7}{10}$　⑨1
⑩ $\frac{4}{5}$　⑪ $\frac{5}{7}$　⑫1

49

漢字 読み ①しあわ　②まつ
③ばこ　④うつく　⑤こう、さいわ
⑥さい、び
書き ①美、箱　②幸福　③幸　④祭
⑤幸　⑥祭

計算 ① $\frac{5}{8}$　② $\frac{1}{4}$　③ $\frac{3}{5}$　④ $\frac{3}{7}$
⑤ $\frac{1}{4}$　⑥ $\frac{2}{9}$　⑦ $\frac{3}{8}$　⑧ $\frac{1}{6}$　⑨ $\frac{1}{2}$

⑩ $\frac{2}{5}$　⑪ $\frac{5}{9}$　⑫ $\frac{9}{10}$

50 漢字 読み ①さか、ころ、ち
②お　③き　④じょう、てん　⑤けつ
⑥の
書き ①転、起　②血　③乗
④転、乗　⑤起　⑥坂
計算 ①式《しき》24+□=32 答え 8まい
②式□−15=21　答え 36こ
③式□+20=52　答え 32こ

51 漢字 読み ①じん、こ、あ
②かみ　③ゆう　④むかし、きゅう
⑤みや　⑥むかし
書き ①昔、神　②有、宮　③宮
④庫　⑤有　⑥神
計算 ①式《しき》□×4=36　答え 9こ
②式 24÷□=4　答え 6人
③式 6×□=48　答え 8きゃく

52 漢字 読み ①はや　②しょう、か
③とう、くば　④はい　⑤そく、ひと
⑥ひろ
書き ①拾　②配　③配　④勝　⑤速、
速　⑥等
計算 ① 80　② 60　③ 180
④ 200　⑤ 400　⑥ 620
⑦ 720　⑧ 960　⑨ 900
⑩ 1140　⑪ 1000　⑫ 2000
⑬ 3000　⑭ 800　⑮ 2100

53 漢字 読み ①しん、まも　②ししゅ
③はん　④す　⑤よう　⑥ひつじ、すす
書き ①羊　②守　③進　④死
⑤守、反　⑥進

計算
①
$$\begin{array}{r} 24 \\ \times\ 32 \\ \hline 48 \\ 72 \\ \hline 768 \end{array}$$
②
$$\begin{array}{r} 18 \\ \times\ 21 \\ \hline 18 \\ 36 \\ \hline 378 \end{array}$$
③
$$\begin{array}{r} 21 \\ \times 14 \\ \hline 84 \\ 21 \\ \hline 294 \end{array}$$
④
$$\begin{array}{r} 15 \\ \times 26 \\ \hline 90 \\ 30 \\ \hline 390 \end{array}$$
⑤
$$\begin{array}{r} 49 \\ \times 23 \\ \hline 147 \\ 98 \\ \hline 1127 \end{array}$$
⑥
$$\begin{array}{r} 34 \\ \times 68 \\ \hline 272 \\ 204 \\ \hline 2312 \end{array}$$
⑦
$$\begin{array}{r} 84 \\ \times 76 \\ \hline 504 \\ 588 \\ \hline 6384 \end{array}$$
⑧
$$\begin{array}{r} 67 \\ \times 90 \\ \hline 6030 \end{array}$$

54 漢字 読み ①さか、じん
②むかし、こ　③し　④じょう
⑤しょう、すす　⑥そ
書き ①反　②配　③速、守　④勝
⑤福神　⑥転、起
計算
①
$$\begin{array}{r} 123 \\ \times\ \ 32 \\ \hline 246 \\ 369 \\ \hline 3936 \end{array}$$
②
$$\begin{array}{r} 341 \\ \times\ \ 23 \\ \hline 1023 \\ 682 \\ \hline 7843 \end{array}$$
③
$$\begin{array}{r} 564 \\ \times\ \ 76 \\ \hline 3384 \\ 3948 \\ \hline 42864 \end{array}$$
④
$$\begin{array}{r} 287 \\ \times\ \ 57 \\ \hline 2009 \\ 1435 \\ \hline 16359 \end{array}$$
⑤
$$\begin{array}{r} 425 \\ \times\ \ 98 \\ \hline 3400 \\ 3825 \\ \hline 41650 \end{array}$$
⑥
$$\begin{array}{r} 490 \\ \times\ \ 43 \\ \hline 1470 \\ 1960 \\ \hline 21070 \end{array}$$
⑦
$$\begin{array}{r} 681 \\ \times\ \ 36 \\ \hline 4086 \\ 2043 \\ \hline 24516 \end{array}$$
⑧
$$\begin{array}{r} 700 \\ \times\ \ 65 \\ \hline 3500 \\ 4200 \\ \hline 45500 \end{array}$$

⑨
$$\begin{array}{r} 405 \\ \times\ 84 \\ \hline 1620 \\ 3240 \\ \hline 34020 \end{array}$$

55 漢字 読み ①たい、う ②ぎん、さら ③ゆう、けん ④は、つ ⑤か、ま、き ⑥ちょう、よてい

書き ①寒 ②暑 ③美、院 ④笛 ⑤筆箱 ⑥終業式

計算 ①
$$\begin{array}{r} 43 \\ \times 32 \\ \hline 86 \\ 129 \\ \hline 1376 \end{array}$$
②
$$\begin{array}{r} 67 \\ \times 93 \\ \hline 201 \\ 603 \\ \hline 6231 \end{array}$$

③
$$\begin{array}{r} 75 \\ \times 68 \\ \hline 600 \\ 450 \\ \hline 5100 \end{array}$$
④
$$\begin{array}{r} 214 \\ \times\ 45 \\ \hline 1070 \\ 856 \\ \hline 9630 \end{array}$$
⑤
$$\begin{array}{r} 793 \\ \times\ 38 \\ \hline 6344 \\ 2379 \\ \hline 30134 \end{array}$$

⑥
$$\begin{array}{r} 598 \\ \times\ 75 \\ \hline 2990 \\ 4186 \\ \hline 44850 \end{array}$$
⑦
$$\begin{array}{r} 156 \\ \times\ 82 \\ \hline 312 \\ 1248 \\ \hline 12792 \end{array}$$
⑧
$$\begin{array}{r} 900 \\ \times\ 56 \\ \hline 5400 \\ 4500 \\ \hline 50400 \end{array}$$

⑨
$$\begin{array}{r} 608 \\ \times\ 50 \\ \hline 30400 \end{array}$$

56 漢字 読み ①ゆう ②けんきゅう、すす ③きゅうこん ④ぞくぜんいん ⑤えき ⑥わ、よう

書き ①鼻血 ②深 ③放送局 ④度 ⑤調、整 ⑥遊

計算 ①72 20×3=60 4×3=12 あわせて72

②96 ③92 ④86 ⑤150 ⑥360 ⑦620 ⑧840 ⑨690 ⑩840 ⑪480 ⑫900 ⑬1000

57 漢字 読み ①みなと、に ②どうぶつ、いく ③ししゅう、はっぴょう ④きゅうそく、か ⑤やす、やど ⑥ま

書き ①号 ②第、落 ③対、相 ④流 ⑤受、取 ⑥命、助

計算 ①1200 ②1500 ③3000 ④2040 ⑤5、800 ⑥7009 ⑦2000 ⑧1000 ⑨1000

58 漢字 読み ①くすりばこ、あ ②どう、きょく ③あくやく ④はし、りょう ⑤ま、しょ ⑥とう、ちゅうい

書き ①係 ②庭 ③軽、運動 ④暗 ⑤族、物館 ⑥勉

計算 ①1300g、1kg300g ②800g ③4kg600g ④2kg100g ⑤3000kg、3t ⑥900g ⑦2kg200g ⑧800g ⑨3kg400g

59 漢字 読み ①よう ②ひ ③さかや、はい ④こ、おんど ⑤はしら ⑥おう、かい

書き ①商品 ②横、写真 ③実 ④部 ⑤練習 ⑥章

計算 ①1kg350g ②2kg320g ③2kg250g ④3kg100g ⑤4000kg、4t ⑥350g ⑦750g ⑧1kg500g ⑨800kg ⑩850kg